T. M. Scanlon

托馬斯・斯坎倫——著　盧靜——譯

# 為何不平等至關重要

# Why Does INEQUALITY MATTER?

目錄

# 序

本書增修自我於二〇一三年十二月在牛津大學主持上廣講座（Uehiro Lectures）時的內容。我要感謝朱利安·薩烏萊斯（Julian Savulescu）和上廣基金會邀請我授課，也要感謝當時的講評人約翰·布魯姆（John Broome）、大衛·米勒（David Miller）、珍涅特·雷德克里夫·理查茲（Janet Radcliffe Richards）深刻的評論。

本書所提出的想法可以追溯至我在一九九六年林德利講座（Lindley Lecture）中所談及的〈反對不平等的理由之多樣性〉（The Diversity of Objections to Inequality）。爾後，該講座發展成一篇更長的論文，題目是《不平等何時重要？》（*When Does Equality Matter?*），並在更多讀者面前發表。在這些場合，我收到諸多建議和指教且獲益良多。上廣講座的邀約促使我有動力將那篇尚未完成的論文延伸成三份講稿，並演變成如今的十個章節。

還有很多人在寫作本書的各個階段為我提供了相當實質的協助。查爾斯・貝茲（Charles Beitz）、約書亞・柯恩（Joshua Cohen）、約瑟・費希金（Joseph Fishkin）、山謬・費里曼（Samuel Freeman）、尼可・科洛尼（Niko Kolodny）、馬丁・歐尼爾（Martin O'Neill）、約瑟夫・拉茲（Joseph Raz）、阿馬蒂亞・沈恩（Amartya Sen）、湯米・謝爾比（Tommie Shelby）、丹尼斯・湯普森（Dennis Thompson）、曼紐・瓦爾嘉斯（Manuel Vargas）和保羅・魏斯曼（Paul Weithman）等人，在各章節的書稿，甚至是全文書稿上，提供很多具建設性的建議。而在二〇一六年春季學期政治哲學研討會中，與會者亦提出犀利且深具啟發性的意見，特別是法蘭西斯・卡姆（Frances Kamm）和傑德・李文森（Jed Lewinsohn）。我衷心感謝他們。擁有這些無私且熱心的朋友和同事是如此美好的一件事。同時，我也要謝謝理查・德・菲利畢（Richard de Filippi），我們一起討論取得醫療照顧及健康狀況的不平等，以及諾艾・多明格茲（Noel Dominguez）協助我的研究。

一如往常，我同樣感謝妻子露西的支持，每當我在晚餐和早餐時刻，不停解釋為什麼我覺得不平等這題目這麼難以下筆之際，她總是認真且耐心地回應我。

# 第一章

# 前言

現今美國和全世界所盛行的極端不平等，普遍來說在道德上大有商榷之處。但我們其實不太清楚為什麼——不清楚是出於哪一方面的道德緣由來反對不平等，甚至是盡可能減少或消弭不平等。所以本書的目的便是為了更進一步釐清這些緣由。

其中將富人的資源重新分配給窮人的理由，只不過是因為如此可以讓窮人過得更好，而且富人相對而言不必犧牲太多福祉。這個理由為重新分配的政策提供了極其有力的支持，卻沒有從根本上反對**不平等**，也就是說，不反對某些人所享有的福祉和其他人存在差距。這理由或許有力，然其只是提升了窮人的福祉。如果只因為有些人過得比窮人更有餘裕，便足以成為重新分配的根本理由，那簡直跟美國傳奇銀行大盜威利・薩頓（Willie Sutton）被問到為什麼要搶銀行時的答案沒什麼兩樣：「因為那裡有錢。」

相反地，平等主義式的（egalitarian）的理由，則是反對某些人和其他人所擁有的之間存在差距，並主張減少這些差距。在接下來的篇幅中，我會特別關注這類理由，但原因並不是因為這比改善窮人處境的理由更重要——通常沒有比較重要——而是因為這些理由更是令人難以理解。

我們很難以正當理由說明*為什麼要關注平等。以羅伯特・諾齊克†（Robert Nozick）來說，他曾指控，關注平等無疑是在關注一種特定的分配模式，並藉由干涉個人做出選擇、承擔風險和簽訂合約的自由，才能維持平等，否則便會干擾此模式。[1]他反問，我們憑什麼該以持續干預個人自由為代價，來維持這種專斷的分配呢？

一旦有人以這種抽象的方式來表達自由和平等難兩全的觀點，平等似乎立即屈居下風。人們有明確的理由反對自由遭到干涉：沒有人會想要被剝奪自己所珍視的選項，或是任人指手畫腳。由此，反對不平等的理由就沒有這麼清晰了。人們有充分的理由期待自己的生活過得更好，但基於什麼理由得關注人我的生活之間存在多少差距呢？因此常有人指控，要求促進平等只不過是「沒錢的人」在嫉妒「有錢人」而已。

在涉及平等與不平等這方面，所謂平等主義式理由存在廣義和狹義之分。只要反對某些人和其他人所擁有的資源存在差距，就是廣義上的平等主義式理由。這些理由包括反對差距所造成的結果，雖然有時人們之所以反對這些結果，理由跟平等一點關係也沒有。舉例來說，有大量實證性的證據顯示，不平等對窮人的健康有非常嚴重的影響，[2]這為減少不平等提供了強而有力的工具理性（instrumental reasons），而在此所謂的不平等在廣義上屬平等主義式，狹義上卻不是，因為關注不健康的理由本身並非平等主義式的。唯有以「為何平等本身值得追求」，或是「不平等本身值得反對」為基礎，才算是狹義平等主義式的理由。反對經濟不平等（即貧富差距）的可能理由之一，是掌握更多資源的人，會因此得到更多令人難以想像的權力，並得以掌控握有較少資源的人。如果這種掌控讓人無法接受，是因為支配者與被支配者間的不平等關係，那麼，這種反對理由就同時屬於廣義和狹義的平等主義。反之，如果反對被控制只是因為喪失機會，那這種反對理由也只在廣義上是平等主義式的。

諾齊克所指控的，對平等的關注是對維持特定分配模式的關注，主要想挑戰的正是狹義平等主義式的理由。至於那些關於嫉妒的反對意見，無論是否**真有**好理由反對不平等，則是不分廣義狹義。

只要是廣義平等主義式的理由——也就是反對某些人和其他人所擁有的資源存在**差距**

---

* 譯注：justify 一般譯作「證成」，意思是人們有好理由去相信一件事是真的。譯文中若出現合理化、有正當理由支持、找理由等用詞皆為此意。

† 編注：羅伯特·諾齊克（Robert Nozick, 1938-2002），美國哲學家，一九七四年完成《無政府、國家與烏托邦》（*Anarchy, State, and Utopia*）一書，隔年獲美國國家圖書獎。他主張，政府不應積極介入財富重分配，應回歸市場機制運作。並以此書挑戰約翰·羅爾斯（John Rawls, 1921-2002）在《正義論》（*A Theory of Justice*）一書中的觀點，其主張，收入分配要符合正義，必須照顧到最貧窮的人。

——就有可能支持那些不會讓誰過得更好，至少會讓某些人（有錢人）過得更糟的作法，因為這麼做仍屬於減少不平等的範疇。只是這種行為中顯而易見的不理性，成了所謂「屈就反對意見」（leveling down objection）的依據。此一反駁也成了拒絕平等主義、支持優先主義（prioritarianism）的理由。後者的觀點是，我們只該關注如何改善最劣勢者的處境，而非富人與窮人之間的差距。[3]

要評估這些挑戰，我們需要清楚闡述人有什麼理由關心平等與不平等。我們也需要這類闡述，以便了解那些加劇不平等的法律及制度（institution）其失當之處，以及如何證明我們應該改變這些制度以促進社會更加平等。即便窮人能過得更好，或是貧富差距能夠縮小，都是好事一樁，但要仰賴重新分配的手段來達成這些目標，仍然有可能是錯的。威利・薩頓說到底終究是個搶匪，就算動機良善的羅賓漢也是一樣。

我相信確實有反對不平等的理由足以抵擋這些挑戰——老實說，甚至有很多不同的理由。本書的任務就是探究這些理由的本質。之所以把這個任務描述為探究反對不平等的理由，而非支持平等的理由，是因為這樣才有可能囊括更廣泛的考量，而這些考量並非全然屬於狹義平等主義式。正如我們接下來將看到的，某些對不平等最有力的反對理由，反對的其實是不平等的結果，而且並非所有反對理由都是出於平等的價值。

辨別這些反對不平等的理由有何差異的另一個重點是，這有助於了解我們所面對的不平等有何差異。那百分之一人口和我們普通人之間的不平等是一回事；幸福快樂和一貧如洗之間的不平等又是另一回事。種族不平等、性別之間各種形式的不平等、不同國家人民之間的不平等，也都是各不相同的問題。這些形式各異的不平等亦受制於道德上成分各異的反對理由。之後我會再進一步詳談這類理由。

在本書中，我會預設一個重要的平等概念，但不會為其論證，即所謂「基本的道德平等」（basic moral equality）——無論種族、性別和生活的地方有何差異，每一個人都有其道德上的價值。愈來愈多人接受這基本的道德平等並且受其庇蔭，這或許是幾世紀以來最重要的道德進步。

基本道德平等如今已廣為接受，就算有些人拒絕更實質的平等主張也不例外。比如諾齊克就接受這個概念。當他寫下「個體擁有權利」，指的正是所有個體。[4]他只是拒絕同意在道德上，我們應該讓眾人在財富、收入或任何特定方面的處境上平等。而我在書中要關注的，便是後面這一種實質平等（substantive equality）。我的問題是：在什麼時候、什麼理由下，有些人在某些方面過得比別人差，會是道德上該反對（objectionable）的？在本章接下來的篇幅中，我會區分幾種反對不平等的理由，而其中多數理由，我將在之後的章節裡詳細檢視。

**地位**：種姓制度（caste system）和其他汙名化地位差異的社會制度，是歷史上最該反對的不平等。在這些制度下，某些族群被歸類為低等人。他們被排除在人們最嚮往的社會地位和職業之外，甚至被貶為只能從事其他族群認定最為屈辱且低賤的職業。這種制度的邪惡之處在於分等特性（comparative character）：其最該被反對之處是視某些人為低人一等的賤民。而這正是平等主義在根本上絕對無法接受的事。

這種基於種姓、種族或是性別的不平等，一如我所說的，在歷史上都不乏法律或是根深柢固的風俗民情撐腰。在一些案例中，甚至可見民情普遍相信，某些種族的成員沒有完整的道德地位，甚至還可能相信他們「不是完整的人」，從而否定我說的基本道德平等。但這類信念並非我所關注的重點。我想，十九世紀大英帝國的階級制度並沒有認為下層階級不是完整的人，也不認為他們的遭遇在道德上無關緊要，而只是認為他們不適合、或是無權擔任特定的社會或政治角色。

基於我此際所討論的理由，經濟不平等也可能該被反對，因為收入和財富的極端不平等，也意味著窮人不得不活在合理看來形同屈辱的生活條件裡。正如亞當・斯密所言，如果一個社會裡有部分人窮到蔽衣蓬戶、恥於拋頭露面，這樣的社會絕不是我們想要的。[5] 這種社會的邪惡之處同樣也在於分等——不只是因為有人衣衫襤褸、戶不遮風，而是有人得生活在低於社會普遍能接受的標準下，並且活得像是賤民一般。「普遍能接受的標準」便暗示著，唯有基於社會的普遍共識是，對一個人而言，被社會接受的必要性為何，經濟不平等才會造成影響。因此我們應該反對的，是經濟不平等和社會規範的某種結合方式。我會在第三章進一步討論這種不平等。

**控制權**：反對不平等的理由，也可以是因為不平等給予某些人過大的權力控制他人生活。比方說，如果有一小群人控制了社會上大多數的財富，他們就會得到過大的權力控制其他人要在哪裡和該如何工作、可以買到什麼，以及大致上的生活樣貌。範圍更縮小一點，一旦有人握有國家重要的公共傳媒，就能得到過分的權力，足以控制社會上其他人如何看待自身及其生活，以及如何理解社會。我會在第六、七、九章，討論這兩種形式的控制。[6]

**機會平等**：當家庭收入和財富嚴重不平等，個人出身在什麼樣的家庭，也就決定了他在競爭市場中獲得成功的希望。這將導致經濟機會的平等難以實現，甚或根本不可能達成。雖然機會平等普遍被視為嚴重問題，但相關的討論卻不多。在第四、五章，我將會深入這個問題，以及其中所涉及的不平等。

**政治公平**：收入與財富的嚴重不平等，也會破壞政治制度的公平性。富人會比其他人更有能力影響政治討論的過程，也更有辦法親自擔任重要的政治職位，並更有機會影響其他擔任公職的人。這可以視為控制權問題的一種特殊情況：操縱政治體系是把經濟優勢轉換成控制權的一種方法。但就諸多層面而言，政治體系的公平性遭到破壞是很嚴重的道德問題，比如法律和政策的正當性（legitimacy）都會受到影響。我會在第六章討論這種反對不平等的理由，及其和不平等的影響力或取得影響力的機會不平等之間，有多大的關聯。

以上，我列出四種反對不平等的理由，並釐清有些反對經濟不平等的理由並非只是出於嫉妒，同時釐清這些理由的訴求，並不是漫無目的地屈就。人們擁有正當的理由來反對地位差距帶來的汙名、令人髮指的控制形式、不公平的社會制度，即便消除這些情況未必能夠提升他們自身的福祉。公平的政治制度和平等的經濟機會固然能讓窮人過得更有餘裕，卻不是爭取讓制度變得公平的唯一理由。即便最後不會因此過得更好，窮人仍有理由爭取機會平等，爭取公平的對待。（更進一步的問題是，如果機會平等意味著窮人生活的經濟水準更差，他們是否還有充分的理由爭取機會平等？）

**平等關懷**：有些反對不平等的理由並不像我前述所列，是基於其影響結果，而是著重於不平等產生的途徑。基於平等關懷（equal concern）的理由便屬於此類。這類反對理由所關注的是，某個機構或主體（agent）本應照顧特定族群內所有成員的福利（benefit），卻只讓某些人享受到這些福利，或是讓某些人享受到比其他人更完整的福利。

例如，假設市政當局有義務提供所有居民平整的道路和衛生設施。那麼除非有特殊理由，否則應該反對只讓某些特定人士獲得比較優質的公共設施。舉例來說，若市府打算更經常性的為富人、市長友人或某些宗教團體成員所居住的社區修整道路，卻忽略貧窮社區的話，就應該起而反對。不過，並非只要市政當局花更多錢提供某些人某種服務，都會違反平等關懷的要求（requirement）。比方說，若有某些地區因為地質因素，較其他地區更難維持道路耐用度，以更多的經費支出維持這些地區的道路，就不該遭受這種反對，因為這麼做的理由，並不是要給予當地居民比其他居民更多的利益（interest）。[7]我會在第三章討論這類要求，並探討該如何理解，以及為何這之中是以平等的理念為基礎。

**公平的收入分配**：一九六五年，美國前三百五十大企業的高階主管平均薪資，是旗下勞動者平均薪資的二十倍。而在二十世紀最後的十年間，這個比例迅速飆長，於二〇〇〇年達到最高峰的三百七十六倍。到了二〇一四年，經營者的薪資仍是勞工的三〇三倍，「比六〇、七〇、八〇或九〇年代的任何時期都還要高。」[8]此外，「從一九七八到二〇一四年，（高階主管）的薪資在計入通貨膨脹後，總計成長了百分之九百九十七，幾乎高達股票市場成長率的兩倍，更不用說在同一時期，一般勞工的年薪只不過增加了可憐的百分之十點五而已。」[9]

我們顯然應該反對這樣的不平等。理由並不是因為這代表人們沒有受到平等的照顧，也不是因為某個主體有義務提供某些福利，卻沒有平等提供。反之，若想獲得這些福利，有賴個人以某種方式參與經濟活動。反對的理由毋寧說是，根據前述數據，這種會加劇不平等的經濟制度是不公平的。這樣的制度不公平的原因之一，在於其缺乏前文所提及且將在第四、五章更詳細討論的機會平等。不過，當前的反對理由不一。其被認為不公平之處在於讓經濟體中特定的角色或職位獲得不平等的高薪，而不是讓人們缺乏競爭這些職位的機會。這引出了另一個問題：這類薪資平等的需求條件是什麼？我會在第九章進一步討論。

總結目前的討論，我提出六個理由來反對各種不平等，並追求消弭或減少不平等：

(1)我們有理由反對不平等，因為造成了羞辱性的地位差異。
(2)我們有理由反對不平等，因為給予富人過大的權力掌控窮人。
(3)我們有理由反對不平等，因為有損經濟機會的平等。
(4)我們有理由反對不平等，因為破壞了政治制度的公平。
(5)我們有理由反對不平等，因為不平等起因於，政府有義務提供福利並平等關懷受益者的要求遭到違背。

(6)我們有理由反對收入和財富的不平等，因為這是來自不公平的經濟制度。

機運平等主義（**luck egalitarianism**）的觀點認為，但凡非自願的不平等都是壞事，[10]但我此處所列出的反對不平等的理由，都是預設不平等的群體之間存在某種形式的關係或互動。當我說我們應該反對地位不平等時，是預設群體間存在某種關係致使羞辱感或是自尊低下變得合乎情理；在互不往來的人之間，這種反對理由就不適用。從控制權來反對不平等，也只在不平等包含或導致某種形式的控制時才適用。從違背平等關懷來反對不平等，預設了某個主體或代理機構有義務提供該福利。至於從干預經濟機會、政治平等或收入分配的公平來反對不平等，則是預設了參與其中的群體或從屬的的制度適用於公平的要求。一旦脫離了這些關係或制度因素來思考，該不該反對不平等就沒有那麼清楚明瞭了。[11]

這些反對不平等的理由，很多都只適用於具有某種義務的制度，或是能被要求符合正義（**justice**）的制度，或許會導致讀者以為我的立場，是像湯瑪斯．內格爾*（Thomas Nagel）

---

* 編注：湯瑪斯．內格爾（Thomas Nagel, 1937-），美國哲學家，研究領域為政治哲學、倫理學等，著有《利他主義的可能性》（*The Possibility of Altruism*）、《哲學入門九堂課》（*What does it all mean? : a very short introduction to philosophy*）等。

所謂的「政治性的正義觀」（the political conception of justice）一樣，認為正義只適用於一個國家的國境之內。[12]然而，我的主張在一些重大面向上，無不跟他的觀點有所差異。我所描述的反對理由中，並非所有理由都預設在一共同制度上，就算牽涉到制度，這些制度也不需和國家同時存在，或是由國家來執行。我在第八章中討論的那些經濟制度，就不受到國家邊界的限制。

也許還有一些支持平等或反對不平等的理由，是我未羅列出來的。我會聚焦在我所列的這些理由上，除了因為我認為這些比較重要之外，更是因為其背後的價值觀亦存在一些有趣的規範性（normative）＊問題。而並非所有反對不平等的理由都會觸及這種問題。例如我前面提過，反對不平等的理由包括人們會因而不健康。[13]我們或許可以據此要求社會更平等，因為不平等會導致社會不安定，或是平等有藉由凝聚團結力和為共同利益努力的意志，促進經濟效能。如果這種主張所依據的實證假設（empirical assumption）正確，我們便有好理由視不平等為壞事。不過我不會討論這些理由，因為在我看來，其價值並沒有任何令人難以理解之處。比方說，不健康本來就不是好事。所以這些理由是否能用來反對不平等，純粹是實證的問題。

當然，我們也可以認為當今社會上的嚴重不平等，其實是正當行使個人自由的結果；必須反對的，是那些意圖消弭不平等而干涉個人自由的措施。我會在第七章討論這種反對意見，並檢視其中可能是以什麼樣的自由觀為基礎。另一種合理化經濟不平等的說詞，是某些個人應得更多的報償。我會在第八章探討這種應得（desert）的概念，並思考這是否能成為合理化或是反對經濟不平等的理由。

第九章會探究前面所列的第六種反對不公平理由，是出於何種不公平概念，並討論反對不公平以及其他我曾探討過的反對理由，如何適用於近年在美國和其他已開發國家所興起的不平等現象。而第十章將總結本書的所有主題。

* 譯注：規範性指的是一判斷或描述所表達的內容，有著應該與否或是指導的意涵。

## 注釋

1. 《Anarchy State, and Utopia》，頁160－4。（注腳中只會列出引用著作的標題。完整出版資訊請參閱參考書目。）
2. 見Michael Marmot的《Status Syndrome: How your Social Standing Directly Affects Your Health》，以及Richard Wilkinson和Kate Pickett的《The Spirit Level: Why More Equal Societies》。相關討論請見Martin O'Neill的《The Facts of Inequality》。
3. 見Derek Parfit的〈Equality or Priority?〉和Harry Frankfurt的〈Equality as a Moral Ideal〉、《On Inequality》。關於此議題的討論，請見Martin O'Neill的〈What Should Egalitarians Believe〉。Harry Frankfurt的中心論點是我們應該關注「充足」——無論每個人是否有充分資源過好生活——而非「平等」——某些人和其他人擁有的資源差距多少（《On Inequality》第七章及各處）。但他也承認，反對不平等也許存在合理的「衍生」（derivative）理由，而這類理由不必以平等的道德價值為基礎（《On Inequality》第九、十六、十七章）。他還提到很多可以反對不平等的理由，這些我也將在書中討論。所以我認為，Frankfurt只是反對我的分類中，屬於狹義平等主義式的理由。
4. 《Anarchy, State, and Utopia》第九章。

5. 《An Inquiry into the Nature and Causes of the Wealth of Nations》，頁351－2。阿馬蒂亞．沈恩引用於《Inequality Reexamined》，頁115。

6. Marmot和其他人主張，不平等對健康的影響，主要皆是由我舉的兩種不平等所引起的：低社會地位的經驗，以及受到他人控制，尤其是在工作場所）。見Michael Marmot等人的《Employment Grade and Coronary Heart Disease in British Civil Servants》，以及我在注釋2中引用的其他研究。而Angus Deaton則在《What does the Empirical Evidence Tell us about the Injustice of Health Inequalities?》，頁270－2中質疑這點。

7. 我稱這個要求為平等關懷，而非平等待遇（equal treatment），因為這不只適用於提供什麼福利，也適用於這些福利為什麼合理。

8. Lawrence Mishel和Alyssa Davis的《Top CEOs Make 300 Times More than Typical Workers》，頁2。

9. Mishel和Davis《Top CEOs》，頁1－2。

10. 請見如G. A. Cohen的《On the Currency of Egalitarian Justice》和Richard Arneson的《Equality and Equal Opportunity for Welfare》。這是Parfit在《Equality or Priority?》所說「目的論平等主義」（Telic Egalitarianism）的一個例子。Elizabeth Anderson是「機運平等主義」的批判者，她在《What is the Point of Equality?》中創造了這個詞。Anderson和我一樣認同平等是關係性的

（見頁313及各處）。至於批判性的討論，請見Samuel Scheffler的《What is Egalitarianism?》。

11. 特別是G. A. Cohen在《Why Not Socialism?》中反對不平等的意見，很大程度上是依賴他那個露營旅行的例子。

12. 出自《The Problem of Global Justice》。對此概念的批判討論請見Joshua Cohen和Charles Sabel所著《Extra Rempublicam Nulla Justitia?》和A. J. Julius《Nagel's Atlas》。

13. 見注釋2中引用的研究。

# 第二章　平等關懷

在第一章中，我列舉了違背平等關懷的要求可說是一種應該被反對的不平等。我舉的例子是有些公民可能因為政治觀點、宗教信仰等諸如此類，或是不像某些人有擔任重要公職的友人，導致地方政府提供他們品質較低的道路、衛生或大眾運輸等公共服務。

反對這種不平等的理由，是以某些政治主體有義務為特定群體中的所有人提供福利為前提。（具體來說是以哪一種義務為前提，則有待進一步討論。）因此這些反對理由只適用於主體沒有對所有應盡義務的對象履行義務所造成的不平等。

就拿以下幾個事實來說。在美國，男性的預期壽命是七十四．二歲；在中國，則是七十．四歲；但在馬拉威，男性的預期壽命只有三十七．一歲。這差異委實驚人，也因而有必要呼籲人們為此採取行動。同時，這也常常被認為是一種不平等，有時更被稱為「國際間的預期壽命落差」（the international life expectancy gap）。不過即便這些事實的確令人憂心，我也不認為，在這些例子中，不平等是反對的主因。

馬拉威的預期壽命這麼低，的確是很嚴重的問題。至於中國和美國的預期壽命高這麼多，其中又牽涉到哪些因素？也許，其中的差異不過在於，這件事實意味著人類不會年紀輕輕便離世。有現代科技的協助，人類可以在更好的環境中活得更久。馬拉威男性預期壽命過低之所以令人震驚，原因之一是這其實是能夠避免的情形。但將此現象稱作「國際間的預期壽命落差」，卻是在暗示三國之間偌大的預期壽命差異具有重大的道德意義；而在我看來，這種意義並不明確。我認為，問題只出在馬拉威的預期壽命太低，而非它和其他國家的預期壽命差異太大。

相較之下，美國不同地區和種族之間的預期壽命亦存在差異。在美國前百分之十長壽的郡內，百分之七十七的白人男性，其壽命超過七十歲，但這些地區的黑人男性只有百分之六十八可以活到這個年紀。而在預期壽命最低的百分之十郡內，此一差異就更嚴重了。百分之六十一的白人男性可以超過七十歲，但能到這個歲數的黑人男性只有百分之四十五。[1] 根據疾病控制與預防中心（Center for Disease Control and Prevention）在二〇一三年提出的報告中可見，每十萬名白人男性中，只有一・二人有結核病歷，而每十萬名黑人中的病例卻多達十・二人。同時，白人的嬰兒死亡率只有百分之五・八，反觀黑人卻有百分之十三・七。[2] 這些數據有部分可歸因於貧困，但也屬因平等而引發的問題——尤其是平等關懷的相關問題——某種程度上，這種差異是因為公共機構對白人，以及對特定地區居民提供醫療照顧和其他公共衛生條件時，比對待黑人和其他地區居民時更確實履行義務。常見的種族歧視態度在此扮演重要角色，並用以解釋這種醫療差異，正如其他我所提到的其他不平等待遇，也可以用各種特定型態的徇私（favoritism）來解釋。但無論怎麼解釋，缺乏平等關懷都是這些例子在道德上應該被反對的理由。

當提到反對國際間預期壽命差異的理由不在於其中所牽涉的不平等（或者至少相較於反對美國各種族間預期壽命差異，反對這種不平等的理由並不相同），並不是在說這種國際差異不涉及正義問題。例如，若馬拉威的預期壽命這麼低，是因為殖民強權盜取該國自然資源所導致的貧窮，那麼，其原因是不正義，而不只是陷入乾旱或海嘯等不幸的天災，且他人可以基於人道理由協助緩解。只是這背後的反對理由，仍然跟不平等無關。如果我的錢比你少，是因為駭客偷走了我銀行戶頭裡的錢，這件事縱然有錯，也跟不平等無關。如果導致第三世界國家預期壽命偏低的貧困，不只是來自過去的殖民行徑，也來自當今國際貿易體制的不公不義，那麼在解釋這些體制為何不公不義時，平等的概念也許有其重要性。但這個平等問題，似乎也跟預期壽命本身沒有關聯。我的看法是，美國國內各種族之間的預期壽命差異雖為平等問題，但和國際間的差異不同，後者所引發的，是另一種嚴重的道德問題。

即便美國的預期壽命因為新興疾病發生而下降，而弭平了相關的不平等，並不代表國際間的預期壽命差異不該過度反對。而這也不表示，反對國際預期壽命差異的理由並非基於其中涉及的不平等。美國各種族之間的健康狀況差異，也不會因為白人男性的預期壽命因為新興疾病降低，就變得比較不應該反對。此一差異應該被反對的理由不僅僅是不平等，也在於導致不平等的原因，即平等關懷的要求遭到違背。

我在第一章曾描述並辯護一種觀點，認為平等與不平等之間是存在某種關係或互動（relational），上面的例子也大致說明了這種觀點。無論在國際上或是在國內，我們該反對的都不單只是預期壽命不平等。不管是在國際間或國內，我們應該反對的最根本原因，是在現有的知識和科技水準下，仍有人活不過原本應有的壽命。只有論及造成這些差異的體制或其他因素有哪些地方應該反對時，不平等才跟預期壽命有關。而國際間和國內案例的差別在於，國內的預期壽命差異是來自重要的機構沒能遵循平等關懷的要求，而國際間預期壽命的差異並非緣此而來。[3]即便這種我們應該反對的不平等真的減少了，那麼，也只是減少了一種反對現狀的理由，即使降低白人能夠取得的醫療水準，也不會提升黑人的預期壽命，反對現狀的理由仍會減弱。[4]至於這樣究竟是否正當，又是另一個問題了。

本章節的目的，是更仔細檢視平等關懷的要求，特別是其中涉及的平等觀。如果某個機構對公民的義務，便是以某種特定的方式對待他們——如不侵犯諾齊克提出的那些個人權利（Nozickean rights）——那麼即使該機構對所有公民都有相同程度的義務，當該機構只對某些人履行此義務，我們也無法用平等的概念來解釋其中涉及的錯誤。如此對待部分人民所犯的錯，在於這侵犯了人民的權利，且無論其他人民的權利是否遭到侵犯，也依然有錯。公民擁有「平等的權利」，意思其實是**同樣的**權利。但平等的概念無法用來解釋，為何侵犯這些權利是錯的。

有些人主張，平等的概念，或者至少是我說的平等關懷這種平等，不過是空洞的概念，因為違背這項要求所犯的錯，皆可以侵犯基本的非比較性權利*來解釋。[5]但我認為，在某些情況下，平等的概念對於解釋缺乏平等關懷犯了什麼錯，仍有更重要的意義。

以基礎教育資金分配不均的問題來說。美國各州憲法皆要求州政府提供所有兒童基礎教育。以紐澤西為例，該州憲法規定：「議會應支援並維持全面、有效的免費公立學校制度，讓所有五至十八歲的學生受教。[6]」紐澤西最高法院認為，這項要求「必須被理解為：包含當代環境中所需要的教育機會，以讓兒童能夠具備公民素養，並在勞動市場中擁有競爭力。」如果州政府未能提供某些學生達到這種水準的教育，就是違背了特定的非比較性要求——然這在紐澤西已經行之有年，致使州政府多次被告上紐澤西最高法院。[8]若州政府足以提供所有兒童這個水準的教育，而非由家長或私立學校為某些兒童提供更好的教育，就不

* 譯注：非比較性權利（noncomparative right）是指該權利需優先滿足某種目的或具有某種限制，因而不適宜和他人的權利相較。例如部分受刑人在獄中的學習權，或多或少都會受到限制，和一般人的學習權是不可比較的，此時的學習權，便屬於「非比較性權利」，無法以平等原則的主張來保障。

會違背**此一**要求。但如果州政府本身僅提供某些兒童超過基本水準的教育，而非所有兒童皆適用，無疑是違背了平等關懷的要求。[9]或許，這種貌似有理的比較性反對理由，取決於教育是一種競爭性的好處（**competitive good**）的事實。當州內某些學生可以獲得較高水準的教育，其他學生在勞動市場上便會處於不利的競爭地位。不過我相信，即使不仰賴競爭的成分，仍可以反對這種不平等對待。

為了更進一步了解，我們可以看看另一個例子：為防範錯誤判決而設下的司法程序保障（**procedural safeguard**）。司法制度不公不義的可能原因之一，是未能提供充分的程序保障。美國的司法制度便充斥著這種非比較性的不公不義，因為貧窮的被告，特別是貧窮的黑人被告常因為保障不足，經常被誤判有罪。他們通常欠缺訴訟代理人，也經常遭到施壓，被迫接受不應得的認罪協商。

世上沒有完美的司法保障程序，也都有改進的空間。但我猜想，即便不夠完美，司法制度仍可以提供某種程度的保障，讓所有人免於承受這種非比較性的程序不正義。然而，如果有個制度在沒有任何特殊理由的情況下，提供某些公民更多程序保障——比如說，對特定社會階級成員或特定宗教信徒提出刑事指控時，必須附上更高標準的證據——無疑成為一種**比較性**的不公不義。這樣的司法制度即便沒有違背任何非比較性的權利，也無從實現「法律之前，人人平等」。

同樣的分析也適用於我之前提到的醫療照護、道路鋪設和學校教育等公共服務不平等的例子。政府或許有（非比較性的）義務，為所有人提供某種最低限度的相關服務。但無論是否存在這份義務，如果沒有特殊的證據支持，而對不同族群提供程度不一的服務，一定會違背廣義的（比較性）平等關懷要求。許多這類差別待遇的案例，都有種族偏見或歧視的背景可以解釋，而偏見或歧視本身在道德上都應該被反對。但除去這些我們應該反對的背景條件，從比較性或非比較性的基礎來說，提供程度不足或不一的服務也都是錯的。因此，這些案例可能牽涉的錯誤共有三種：未充分提供某種福利的非比較性錯誤、未依循平等關懷要求的比較性錯誤，以及種族歧視的錯誤。

這三種不同的錯誤有時難以釐清。以種族定性*（racial profiling）的情況來看，員警實際執法時，攔下黑人駕駛的車子所需要的證據數量，少於攔下白人駕駛的車子。這顯然違背了平等關懷的比較性要求。但它同時也可能有著非比較性的錯誤。如果該政策規定員警要有一定程度的證據，才能合理攔下白人駕駛的車子，這就足以形成最低限度的保障，讓被攔

* 編注：種族定性（racial profiling）意指執法機關執法時，將特定種族的特徵列入考量。

的駕駛有權拒絕這種干預；卻又允許員警僅憑相對少的犯罪嫌疑證據，便可攔下黑人駕駛的車子的話，這不但犯了非比較性的錯誤，也是一種不正當的差別待遇。種族歧視的社會背景或許能解釋這些比較性與非比較性的錯誤，但除了這種原因，它們同時也是更一般性（general）的錯誤。

單是政府為某些人投入比其他人更多的資源，以提供特定福利，並不會違背平等關懷的比較性要求。倘使某些地區的道路因為地質的關係，比其他地方更難維護，花更多錢在這些道路上，並不意味著城裡其他地方的居民沒有得到平等關懷。同樣地，地方政府在每個特教班學生身上的花費，比沒有障礙的學生更多，也不會違背平等關懷，因為這不代表特殊需求生的利益，比其他學生的利益更受重視。

在我目前所舉的公共衛生、道路鋪設、教育和預防誤判等例子中，假設政府有義務提供這些福利理應合情合理，至少，只要福利的程度是在某個程度以內，而且成本沒有太高的話。但平等關懷的要求也可適用於有義務對特定族群提供一般性福利的機構，即便有時它們沒有義務要提供某種特定的好處。有些福利是政府可以選擇要不要提供的，比如說公共游泳池、溜冰場或高爾夫球場。但只要政府提供了這些福利，就不能只讓某些公民可以合法使用，而我會認為，萬一政府提供這些設施的方法，導致只有某些地方的居民才有機會使用，人們一樣可以反對。

這不代表政府做的每一件事都必須平等利及每一位公民。我們可能需要某些種類的政府設施，如行政大樓或軍事機構。這些設施除了滿足一般的公共目的之外，也能提供額外的福利，比如增加所在地居民的就業機會。但這並沒有違背我所描述的平等關懷要求，因為相對於我提到的休閒設施等例子，讓人們獲得這些福利並非設立此類設施的原因。設立這些設施的意義在於其所為全民帶來的福利。軍事設施和其他公共建築總需要興建於某個地方，且不可避免會帶給當地人一些福利。而只有部分公民能得到這些附加的福利，並沒有違背平等關懷。但如果公共設施都位於特定地區，又沒有其他正當理由支持，代表有某個政策比較厚愛這些地區公民的利益，輕忽其他人類似的利益。這樣的政策就會違背我所描述的平等關懷要求。

為何福利的相對程度在此時會變得重要？如果其中的好處涉及到競爭性，平等在其中的關聯便容易理解，因為一旦提供更多這種好處，就會有人得到比他人更多的優勢。教育便是一種競爭性的好處，反觀鋪路和路燈，則沒有這種競爭上的功能。身體健康也會讓人比較有競爭優勢，這讓醫療管道合理成了機會平等的一部分。[10]不過在我看來，這不是反對醫療照護供應不平等的唯一理由。因為更大的問題在於，為什麼就算有些好處跟競爭，我們仍應該反對供應不平等。

說實話，要求平等**待遇**似乎很容易被認定為是一種屈就反對意見。約瑟夫・拉茲*曾說過：「平等主義的原則常常導致浪費。」[11]他認為，如果我們不可能平等的將某種好處提供給所有人，或許是因為沒有足夠的好處可以分配，這時平等主義原則會要求不讓任何人得到好處。

這套反面意見的道理，來自拉茲對平等主義原則的特殊理解。他把這種原則的典範形式理解為：「如果有些F擁有G，那麼，所有沒有G的F都有權利擁有G。」[12]這個表述方式在某些重要部分都和我所理解的平等關懷有所不同。首先，拉茲把平等主義原則描述成適用於人們所**擁有**的任何好處，無論這種好處是如何實現的。而我所捍衛的平等關懷要求正好相反，只適用於由單一主體**提供**的好處。再者，如我先前所言，平等關懷並不一定會要求主體平等提供等量的利益給所有個人。唯有當所有受影響者的福利都得到適當重視，未能平等供應某種利益才會違背平等關懷的要求。當沒有足夠的好處可以平等利及所有人，或是平等分配很困難、不可能，甚至（如我前面所說的）要像其他福利那樣平等分配的代價太高時，不平等就未必和平等關懷不相容。雖然在某些情況裡，拉茲關於浪費的指控初步看來是有道理的，但我認為平等關懷要求有足夠的彈性可以應付這些情況。

我們也可以探討另一方面的質疑，以便更進一步釐清這件事。當不平等有「好理由」支持時，不平等待遇和平等關懷要求就可以相容，這件事似乎表示，我所捍衛的平等關懷要求有其限度（pro tanto），因此在前述的情況中，平等關懷的要求就不如其他考量那麼重要。一旦論及某些好處，比如防範誤判的保障措施時，這個問題會特別棘手。為了回應這種質疑，我需要進一步討論，當我們提出平等關懷的要求時，會涉及哪一種利益平衡。

在我討論的情況中，道德要求的關懷有兩種面向，一種是非比較性的，另一種則是比較性的。如果一項政策因為缺乏對某些人的關懷，導致我們應該反對，原因可能是相對於其他價值，該政策未能充分重視這群人的利益，也可能是相較於其他人，不夠重視這群人的利益。在避免誤判的例子中，我們可以同時看到這兩種反對的理由。當一套司法制度沒有提供被告所需程度的保障，我們就有理由反對——也就是說，在此制度下，相對於提供這些保障的成本，被告免於遭受誤判的利益並未受到充分的重視。但正如我所主張的，司法制度雖為所有人提供了充分的保障，但只要有某些人得到的保障比較多，且這意味著他們的利益更受

---

* 編注：約瑟夫·拉茲（Joseph Raz, 1939-），以色列政治哲學家，也是國際知名的法律哲學家，現任美國哥倫比亞大學法理學湯瑪士M·麥塞歐西講座教授，著有《法律的權威》（*The Authority of Law*）、《自由的道德》（*The Morality of Freedom*）等書。

重視的話，我們也應該起而反對。

因此，那些原本應該被排除的不平等待遇需要什麼「好理由」，就可以從這兩個途徑來考量。這些理由要比平等提供最低限度好處的理由更具分量，才足以讓我們提供某些人低於底限的好處。至於什麼才能算是好理由，顯然會根據該項好處的重要性而有所不同。要提出讓人們擁有品質堪用的道路的好處是一件事，但要提出讓人們免於因誤判入罪而能得到什麼好處，就相對難了。其中的癥結在於，即便有理由允許主體不提供正常所需程度的好處，也不代表主體可以不充分重視人們得到那種好處的利益。

第二個問題是，某些考量要如何成為好理由，支持主體提供某些人比其他人更多的好處（雙方得到的好處都超過了最低限度），以及這麼做要滿足哪些要求。如果一項政策會讓特定好處的提供程度不平等，支持它的理由和該好處帶給受影響者的福利之間，可能沒有關聯。比如說，一個地區也許需要品質更好的道路，才能讓當地某工廠的卡車進出。或是有些居民會因為附近的科學研究機構需要接網路線，以獲得更高的頻寬。只要這些理由適用，提供更好的服務並不會違背平等關懷的要求，因為這麼做的合理性，並不需要把某些人的利益看得比其他人的類似利益更重要。

重點在於，當某些考量能合理支持主體不平等的提供某種好處，而這些考量的執行方式並未超過平等關懷本身。這些考量和個人利益之間取得平衡的方式，反而顯示出即便提供的福利不同，兩者仍是受到同等的重視。

不過，要從平等關懷的要求出發，平衡它和其他與之競爭的考量，似乎就太過了。[13]例如，假設有條需求迫切的國防經費法案中包含了一項規定，要求所有用該筆經費興建的設施，都要蓋在國內的特定區域，這項規定偏袒了當地居民的利益，卻沒有提出任何合理的理由。如此看來，該法案可能會違背平等關懷的要求。但得利地區的立法者堅持附上這條規定，否則就要阻擋法案通過。考量到全體公民的利益，通過這項法案總括來說仍比不通過更合理，那麼根據我前面提出的推論，這終究符合平等關懷的要求。這種顯而易見的悖論（paradox）可以用以下兩者的區別來說明：一是法案本身能否滿足平等關懷的要求，二是有鑑於實際情況，通過法案是否符合這個要求。我會說第一個問題的答案是「否」，而第二個問題的答案是「是」。

這例子也是一個防止我的用詞遭到誤解的好機會。「平等**關懷**」的說法或許暗示，其要求特定主體抱持某種（關懷的）態度。但我並沒有這種意思。當我們問行動或政策是否滿足平等關懷的要求時，要討論的是支持的理由，也就是有沒有用正確的方式來考量當事各方的利益，以證明它是可以合理化的。在適才探討的狀況中，無論我們是要對一項政策，還是對在特定情境下制定該政策的決定提出平等關懷的要求，都是在討論這個問題。這個要求所關心的是支持決策的理由，而非決策者的態度。

判斷一項政策是否符合平等關懷的要求，需要在個人獲得該項好處的利益和其他與之競爭的考量間取得平衡，這點似乎有可能致使平等關懷的要求淪為適當重視每個人利益（比如諾齊克式的權利）的非比較性要求。但實情並非如此。就我的解釋，平等關懷的要求仍然保有比較性的特徵；因為在某些案例中，如果主體對自己服務對象的利益給予適當的重視，他們就不只是在給予這些利益充分的重視，也是對其他（特定）人的利益給予相同的重視。

這導致了平等關懷的要求何時適用的問題。前面說過，平等關懷適用於有義務提供福利給特定人群的主體。但哪些主體有這種義務，又是對誰有這種義務？針對這個問題，我沒有一體適用的答案。幸好，我也不認為在我目前有限的目的下，需要這種答案。本書的目的是鑑明各種反對不平等的理由，以及這些理由是依據什麼平等觀（如果有的話）。而本章的目的是檢視一種特定的反對理由，亦即「不平等違背了平等關懷的要求」這個理由。因此，就眼前的目的來說，只要讓人有基礎去相信這些義務存在，並且解釋反對不平等的特定類別便已足夠。

我認為目前所舉的例子，已經足以讓人相信，地方和中央政府對公民有此義務，且平等關懷的要求正是源於這些義務。不過且讓我再舉一個例子：如果在當今的德國，西部的學校比東部享有更多經費，那至少會構成反對不平等關懷的表面上的理由。但在東、西兩德的時代，這種反對理由並不適用。

只要從政府應該遵循這種要求的原因出發，便能支持前述這個例子的論證。如果政府制定並執行法律、要求公民繳稅的權力，是建立在他們為公民提供福利的基礎上，那麼這些福利就必須利及**所有**公民（所有必須遵守法律和繳稅的人）。否則，未享有福利的人，並沒有接受這些權力的正當性。那麼，為何有些公民應該接受相對於自身利益，他人的利益對政府政策的合理性更具價值，而且這些人還得被要求透過繳稅並服從其他法律來支持這些政策？

如果我能提出看似合理的理由說明政府應該遵循平等關懷的要求，本章節的主要論點就足以確立了。不過我懷疑，有這種義務的不只是政府而已，父母對子女同樣有這種平等關懷的義務。只是我並不認為這種平等關懷的要求會普遍適用於一般個人，就算人們可能有義務幫助比自己不幸的人也一樣。優先主義可能不會贊同我捐一大筆錢來幫助某個國家的窮人，而是認為我應該捐錢到其他地方，因為那裡的人更需要幫助。但在我看來，別人不能因為我只幫助一部分，而非所有同等需要幫助的人，就指責我違背平等關懷。

私人機構是否有這種義務，以及何時會有這種義務，也是個有趣的問題。舉例來說，如果某個慈善機構的設立目的是資助某些特定的大學，那麼未能給予其他大學同等重視，他們並不會因而落人口實。如果某個基金會的設立目的是研究和治療特定疾病，那他們若不關心受其他疾病所苦的病患，也沒有什麼好批評的。只是，萬一他們根據這些目的募款或是取得免稅地位後，卻只協助特定地區的居民，拒絕幫忙受同樣疾病折磨的外地人，我們可能就有理由反對。只不過這裡的反對理由，似乎和平等關懷的要求適用於政府時不太一樣，因為前者的基礎顯然來自捐款人的要求，而後者則是來自對受益者的義務。[14]由成員建立並支持的工會是個更具代表性的例子。我們可以說，工會應平等考量所有成員的利益，而後做出決策和政策，也可以說，工會有義務平等關懷身兼受益人和捐款人的工會成員，這兩種要求似乎都滿有道理的。

只要平等關懷受益人的利益這方面的義務確實存在，一視同仁（impartiality）的要求就會允許偏私（partiality），著重在關心這些個人的利益，而非其他人的類似利益，因為主體對後者沒有義務。這又不禁令人好奇，這種偏私是否兼容於第一章所提到的基本道德平等，也就是每個人在道德上都有價值的觀念？我認為，兩者其實是相容的。世上並不存在任何一般性的道德要求，能規定我們在以個人身分做決定時，要平等重視每個人的利益。這非但是種令人難以置信的限制，更不可能做到。

相對合理的主張是，國家政府有義務關懷身處國外的個人的利益。若要更為強調的話，也可主張為我們做為個人有此義務，而政府做這件事的合理性則在於，他們能提供我們實現這種義務的途徑，這些途徑會比個人行動更有效，也不像個人的一般性義務那麼有侵略性。

即便我們有義務平等關懷某些好處，比如身體健康所需的條件和體面生活所需的經濟財（economic good），政府仍有其他特殊義務必須平等關懷公民的其他好處。這包括根據各地決策提供當地需要的好處，如道路和教育，此外一般來說，也包括透過民主程序決定政府有責任提供的好處。

如果各國政府有更廣泛的義務要提供身處國外的人民某些好處，這項特定義務的對象就能提出平等關懷的要求；至於政府有沒有這種義務，端看少了這項義務所造成的道德上站不住腳的後果是否正當。這個主張要成立，部分取決於此義務能否有效防止這些後果。而能否有效防止，則要反過來看身處外國的人能否有效提供這些好處。

這就回到了一開始國際之間和單一國家內預期壽命不平等的對比。我們或許可以主張，國際間的預期壽命差異，是以其他方式提出不平等待遇的問題。即便這些差異不是因為任何一個現存體制未能平等重視不同人民的醫療和其他健康條件需求，我們仍可以說，我們需要某個機構來承擔提供所有人這些好處的義務。

要達成不平等應該被反對的結論，我們需要兩個步驟的論點。第一步的（非比較性）主張是，為了讓多數人的利益得到充分重視，成立一個有普世性義務的機構是必要的（且該機構也是確保這些利益能夠被滿足的有效途徑）。

第二步則是，這種機構承擔了平等待遇的要求，而現行的國際差異將會繼續侵犯這份要求。但即便這個論證無誤，我依舊認為在當今的環境下，我們應該反對各國預期壽命差異懸殊的理由，並不在於其中涉及的不平等。

## 注釋

1. Mark R. Cullen、Clint Cummins和Victor R. Fuchs所著《Geographic and Racial Variation in Premature Mortality in the U.S.: Analyzing the Disparities.》，其中引用的數字來自一九九〇至二〇〇一年的死亡率。
2. CDC的《Health Disparities and Inequalities Report-United States》二〇一三。
3. 平等關懷的要求有著許多意義不同的理解。如羅納德・德沃金（Ronald Dworkin）便將其理解為，要求政府的法律與政策必須將每個公民視為同等重要才有正當性。（見《Sovereign Virtue》，頁6）。我接受這個要求，因為我要討論的所有反對不平等的理由，都可以放在它提供的框架內理解。但我會使用「平等關懷」這個詞，來區別一種違背這項要求的具體途徑，即沒有平等滿足提供特定福利的義務。因為我所要討論的反對不平等的理由，並不是每一種都跟這種義務有關。有兩種情境會讓這個從德沃金的觀點展開的平等關懷概念成為反對不平等的理由：一種是討論政府提供福利的義務時（如本章），另一種則是討論某種經濟合作制度是否正當時（如同第九章）。
4. 感謝James Brandt在討論中指出這點。
5. 見Peter Westen的《The Empty Idea of Equality》。雖然Westen的標題提到「平等」，但身為憲法

律師，本文主要是在討論我稱為平等關懷的這種平等待遇觀。關於比較性和非比較性的錯誤，若想參考相對普遍性的討論，請見Joel Feinberg的《Non-Comparative Justice》。

6. 《New Jersey Constitution, Article VIII, Section IV》。

7. 〈Robinson v. Cahill〉62 N.J. 頁515。

8. 關於紐澤西州的爭議，請見《School Funding Cases in New Jersey》〈http://schoolfundinginfo/2015/01/school-funding-cases-in-new-jersey〉。堪薩斯州的類似爭議，請見《School Finding Cases in Kansas》〈http:// schoolfunding.info/2015/01/school-funding-cases-in-kansas-2〉。

9. 教育經費制度允許富裕學區提供更優質的教育，是否會違背平等關懷的要求，取決於州政府是否將整個制度視為一個州政策，並經由該政策來履行提供教育的義務，以及當地方政府提供更好的教育，是否會像私人家長團體一樣被視為獨立主體。

10. 如Norman Daniels的主張。見他的《Just Health Care》。

11. 《The Morality of Freedom》，頁227。

12. Raz的《Morality of Freedom》，頁225。

13. 感謝Jed Lewinsohn提出這個可能的反駁。

14. 感謝Andrew Gold指出這點。

# 第三章　地位不平等

種姓制度和充斥種族或性別歧視的社會，顯然都是典型的應該反對的不平等。我們可能有好幾種理由來反對這樣的社會。而在這個章節，我會以這些社會裡的地位不平等為基礎，來討論反對的理由。我的目的是更詳細檢視這些理由，思考在同樣的理由下，如何、以及在哪些條件下可以用來反對經濟不平等。我也會思考這類理由是否能用來反對徹底的功績主義社會*。

在有種姓和階級區別，以及種族歧視橫行的社會裡，有些人會單單因為出身背景而得不到較受青睞的工作。這些人也常被剝奪基本的政治權利，如投票和參政的權利，以及我在第二章所說的，無法享有本來應得的重要公共服務。除此之外，他們也被認為沒有資格獲得其他族群所享有的「人際間的好處」（associational good）。舉例來說，其他族群不屑與他們一起工作，也不會把他們當成可能的朋友或結婚對象，甚至不願跟他們比鄰而居。

遭到這些歧視的人會失去很多重要的機會，而且找不到任何適當的理由。這根本上就有問題，即便歧視的成因完全是出自任意（arbitrariness），或是在公共服務的例子裡，是因為

* 編注：功績主義社會（meritocratic society），以較白話的方式來解釋，功績主義（meritocracy）指的是，以個人的能力或成就為基礎，讓某些精英分子取得一定程度的主導權，或稱精英領導社會。

政府官員偏袒政治盟友形成的。但在我目前所關切的這種歧視中，社會是因為受害者身上的特定事實，如種族、性別、宗教，而拒絕讓他們獲得某種其他人有權享用的好處。而據我所理解，有一群人普遍被視為低等——沒有資格獲得重要的好處和機會、較不符合受人尊重的人際關係，就是歧視最顯著的特徵。

歧視的不當之處，在於它對待受害者的態度與差別，乃是依據種族和性別等不合理的個人特徵。或許歧視者也意識到了這點，才往往訴諸概括的經驗（empirical generalization），像是宣稱該族群的成員不可信賴、懶散，或是欠缺某個社會角色需要的能力，因而被排除在外，藉此讓自己的行為看起來相對合理。這些概括大多是錯的。而且就算是對的，也無法合理化其中的歧視待遇。要以不值得信任為由，拒絕對某人託付信任或責任重大的職務，需要證明他著實不可信任；要用缺乏相關能力為由拒絕聘雇某人，也要能證明她真的缺乏能力。單以對方所屬族群的統計事實為依據，未必有足夠的解釋力道。

萬一受歧視族群的成員漸漸視歧視待遇和態度為正當，這一類歧視便會進一步惡化。歧視將會打擊他們的「自重」（self-respect）或「自尊」（self-esteem），也就是約翰．羅爾斯（John Rawels）說的：「一個人對自身價值的認知，對於什麼是好、什麼計畫值得貫徹的堅定信念」，以及「相信自己有能力、相信只要在自己的能力範圍內，就能實現自己意圖的信心。」

但感覺自己低人一等，或是失去自尊，都不是我現在討論這種反對理由的本質。只要社會上有夠多人抱持這種貴賤尊卑的看法，並且造成我前面所述的排除和偏袒穩固存在，即適用這種反對理由的批判。被歧視的人當然有可能會開始肯定自身地位的角色和相關價值，並把扮演這些角色的過程誤認為是（羅爾斯那種）自尊的來源。因此，他們可能不會體驗到我所描述的那種羞辱；但從我現在討論的理由來看，這其中所牽涉的歧視仍然應該反對。

無論在被歧視的族群裡，其成員是覺得這些待遇打擊了他們的自尊和自重，或是在扮演被安排的角色時找到自尊和自重，在不受歧視的族群中，多數成員都可能會認為，自己**沒有**前者的特徵這件事具有重要的意義，並成為他們自尊的堡壘——他們因此有理由認為自己的人生有價值、相信自己的計畫值得追求。就像盧梭指出的一樣，雙方的態度可能都有點病態，其病態之處在於憑著不適當的理由來珍視或輕視自己的生命與生活，以及從錯誤的理由來決定自己對他人的態度與行為。[3]

消除歧視或其他的地位不平等，並非可議的「屈就」——讓某些人更加困頓的同時，又不讓任何人得利。雖然會讓某些人喪失原本珍視的優越感，但失去優越感也不是什麼可以合理抱怨的事。所以從道德上來說，消除歧視並不會讓任何人過得更糟，卻會促使原本遭到歧視的人得利。[4]沒有好理由就被剝奪我所提到的好處，並遭受前述的那種輕視態度，都是人們有好理由反對的事情。這種反對絕不只是嫉妒別人所擁有的而已。

反對前述那些社會制度的理由有三。第一，在沒有好理由的情況下，有很多人被禁止獲得重要的好處和機會。第二，歧視者與被歧視者都失去了能夠平等與他人建立關係所帶來的重要好處。第三，在這種社會裡，許多人都因為不對的理由，而重視或輕視自己的生命和生活。「高人一等」的族群可能誤將自己的價值感建立在優越的地位上。而被視為「低等」的族群一旦接受這種價值判斷，會不當地輕視自己的價值和生活。被歧視的人或許會積極接受社會為自己安排的角色，把自己的價值建立在扮演這些角色上，以為自己「只配做這些」；但考慮到他們實際的生活情況，這種正面的價值感其實是建立在錯誤的理由上。

這些反對理由的平等主義程度各有不同。第二個理由的基礎是人與人之間的平等關係，其平等主義的程度顯然是三者之中最高的。第一個理由反對有人被不正義地剝奪各種重要的機會——其重點觀乎正義。只是這個反對理由可能是、也可能不是平等主義式的。正如我在第二章所指出的，沒有提供這些好處可能侵犯了個人的權利，屬於非比較性的錯誤，也可能因為缺乏平等關懷，而犯下比較性的錯誤。第三個反對理由所指出的問題，則是有些人以錯誤的方式看待他人與自己的價值，這其中的失誤基本上是關於「善」（the good），而非「正確」（the right）。只有當人們在評價時犯下這種評價錯誤（evaluative error），才會出現第一個反對理由所關注的不正義，這是一種「正確」對「善」（的普遍觀念）的依賴。關於這點，傑拉德．柯亨*也許會說，這是一個實現正義需要仰賴社會風化（ethos）的例子。[5]

現在，我要開始討論經濟不平等會如何導致像亞當．斯密指出的那種充斥地位不平等、讓某些人恥於拋頭露面，且應該被反對的經濟環境。[6]為此，我們需要更仔細觀察經濟不平等會如何產生這種我們應該反對的影響。

我認為，這些影響的形成機制如下：個人的衣著打扮、生活方式、個人財產和消費能力——如開哪一種車，甚至有沒有車或電腦——都標示著他們有沒有資格得到特定的角色，以及最重要的，有多少資格能獲得我前面提到的相關好處。由於能否得到這些都取決於有多少錢，經濟不平等就會對錢比較少的人，造成這種我們應該反對的影響。

慈繼偉†對這些影響的描述非常透徹。[7]他舉出了三種「匱乏的危險」（stakes of poverty），在我看來，他指的是貧窮會對一個人造成三種壞處。生計的匱乏（Subsistence

* 編注：傑拉德．柯亨（G. A. Cohen, 1941-2002），政治哲學家，信奉馬克思主義，並引領分析馬克思主義。著有《If You're an Egalitarian, How Come You're So Rich?》等書。
† 編注：慈繼偉（Jiwei Ci, 1955-），香港大學教授，專門研究政治哲學及倫理學，著有《正義的兩面》等書。

poverty）是指貧窮威脅到一個人維持生存所需的能力。地位的匱乏（Status poverty）指的是貧窮導致一個人無法在他所處的社會裡擁有受人尊重的生活方式。能動性的匱乏（Agency poverty）發生的時機，則在貧窮讓一個人無法在他所處的社會裡成為「功能正常的主體」——也就是找到一份工作——或是從事某些對社會很重要的事，以取得身為一個人有理由想要的東西。在我們的社會裡，若想避免能動性的匱乏，其中所涉及的，可能包括擁有信用卡、地址、電話號碼或者上網之類的。羅爾斯對自尊的定義是，對人生計畫的堅定認知，以及執行這些計畫的能力，而這三個面向著實都威脅著窮人的自尊。

慈繼偉指出，這三個貧窮對人有害的原因，彼此間都有關聯，卻又各自獨立。如果一個苦行者自願承受生計的匱乏，他未必會喪失地位或是能動性。人們有可能認為他比一般人更值得尊敬。慈繼偉說，在毛澤東時代的中國，生計的匱乏並不會傷害一個人的地位，反而代表一個人特別投入讓中國更好的共產鬥爭，富裕反而會招來質疑和汙名。反觀今日的中國，有車卻成了重要的地位象徵，而農民的生活條件則會招來無禮的待遇。[8]同樣地，地位匱乏的人仍可藉由找到工作、花錢消費參與經濟、為人父母，而成為有富有能動性的人。

在美國的社會脈絡裡，最能體現這點的是最近有一名非裔婦女在網路上發表了一篇社論，回應人們對窮人把錢「浪費」在iPhone等奢侈品上的批評。[9]她如實描述了自己的母親如何穿上容易辨認的「設計師款」衣服和提包，協助被社會局（social service agency）拒絕的鄰居為孫女申請社會福利給付。她說，其中的重點不只是穿著得體（如乾淨、沒有異味、不穿破衣服等），更重要的是看起來是號人物——像是備受尊重的人。我認為，作者的意思其實是對於窮人，尤其是黑人來說，如果想避開慈繼偉所說的地位和能動性的匱乏，奢侈品可說至關重要，因為這些奢侈品代表的是，能不能在社會上表現良好。

慈繼偉指出的地位和能動性匱乏會對一個人帶來負面影響，各有不同理由。以能動性的匱乏而言，就是牽涉到貧窮會讓一個人無法從事在他所處社會中不可或缺的事情。這種匱乏的影響取決於社會的組織方式，而且社會上的人也有諸多理由希望自己能夠做這些事，所以這些影響才會這麼負面。貧窮並不需要依賴社會上其他人的歧視態度，其本身就會讓人做不了這些事。而地位的匱乏正好相反，它需要依賴歧視的態度來發揮影響。受他人輕視、無法參與各種社會關係，這種待遇本身就很不應該。不過，如同我剛才的說明，像這樣被視為低等，也會妨礙一個人去從事某些事，導致他無法在社會上成為有用的人。貧困會藉由貶低一個人的地位，阻撓他的能動性。但除此之外，貧困也有其他方法可以妨礙能動性，而地位低下亦有其他理由讓人值得反對。

我想，亞當．斯密寫下前面那段話時，心裡想的不外乎是這些。他所說的那種貧窮帶來的感受，是相信別人認為（甚或自己也認為）自己沒有資格，或是不如別人夠資格扮演有價值的角色，以及取得相關的好處。這也可能包含無法順利成為社會中的「正常人」（normal agent），進一步覺得自己的人生失敗。

我在稍早前過，在討論歧視和種姓制度時，這些制度的起因（cause）所造成的傷害，本身就是取消特權地位的好理由。如果經濟不平等會造成類似的傷害，那麼即便減少不平等會減少某些人，甚至於所有人的福祉，這還是能給我們一個有限度的（pro tanto）理由，去追求沒有這種不平等的環境。然而，正如慈繼偉所言，只有在特定的態度成為主流時，經濟不平等所產生的地位匱乏才會造成傷害。這些傷害也提供我們理由去改變社會上的態度——如果可能的話。即使經濟優勢的分配不變，如果優越感至少在某個程度上，是人們渴望財富及收入的理由之一，那麼改變社會上的普遍態度，會讓富人損失一些東西。但這筆損失絕不像他們反駁時所說的那般嚴重。

這件事照映出類似的嫉妒指控。嫉妒的指控企圖駁斥減少不平等的要求，宣稱這種要求所傳達的，只是不想要別人擁有得比自己更多的無理期待。而我在此描述的理由正好相左，足以成為反對這種**抗拒**的理由：因為這種抗拒所傳達的，只是想要擁有得比別人更多的無理期待。

從這之中，我們再次看見了「正確」和「善」之間的相互關係。社會態度能夠在經濟不平等和地位造成的傷害之間發揮協調的作用，但一如前面我所說的，這種態度普遍都在評價時犯了錯誤。人們以為收入和消費型態的落差，有著其他落差所沒有的獨特重要性。可能的話，要避免地位造成我前面提到的傷害，其中一個辦法是矯正這些錯誤。

雖然我懷疑這是否有可能，但不如想像一下，有個社會至少矯正了部分錯誤。內格爾有篇討論平權運動的論文，他在最後寫道：「等到種族與性別的不正義減少，我們仍要面對智者和愚者之間巨大的不正義，兩者雖然付出了相同的努力，回報卻不盡相同。」[10] 內格爾說的是經濟報酬的差異，但同樣的話或許也可以套用在尊嚴上，而尊嚴正是我想專注討論的。

想像一下有個社會除了才能之外，對於種族、性別和其他與生俱來的特質，都不存在任何歧視。我會假設，社會上的每個人都認為，某些工作和職位是值得嚮往的。人們嚮往這些職位，不只是因為連帶的經濟報酬（甚至可以假設報酬並不多，或也許根本沒有），而是因為這些職位能讓人有機會，以有價值的方式發揮嫻熟的才能；除此之外，這些職位或許也是在認可有資格擔任的人，代表他們在各個重要層面上，都比別人更精通這些能力，而且這些能力是眾人皆有理由看重和渴望的。我假設，獲選擔任這些職位的人，完全是因為自身的優點，遴選中不存在任何歧視和偏袒，而且每個人對此都相當確信。人們甚至不論嘴上，抑或是心裡都相信，這份職位是他們**應得的**。從體制面上來說，「應得」至少代表，他們分配到這些職位和報酬都是出於合理的體制。不過，只要這些職位也是對於卓越成績的認可，我們就可以說在更深層的非體制面上，出任這些職位也是他們應得的：因為他們本身擁有某些特質，足以讓此變成適當的認可。[11]

我的問題是，在這樣一個社會裡，這種受到公共認同的地位差距，是否會帶來前面所討論的傷害？如果會的話，那麼一個徹頭徹尾功績主義的社會，也會出現一些種姓社會的問題。[12]當然，它會有一些種姓社會所欠缺的階級流動（mobility），因為任何階級的小孩只要有才能，都可以「晉升」到更值得嚮往的職位。我猜想，在這樣一個社會裡，所有人都會相信，擁有足以晉升這些職位的才能是件好事，而欠缺這些才能則是種不幸。例如，每個家長都有理由希望子女擁有這些才能。但這種態度會不會發展成某種應該反對的社會等級制度（status hierarchy）？

假設這種崇拜才能的態度不參雜任何對於事實的誤解。但就算沒有犯這種錯——或者**特別是**在沒有犯這種錯的前提下——欠缺才能的人會不會覺得自己缺乏地位是合理的？這種情形又要如何避免？這引出了一個問題：我們能否認定某些才能特別有培養的價值，所以每個人都有理由培養自己和子女去掌握這些才能，而且只要是為了全體的福利運用這些才能，某些特別的社會角色和職位就可以極其合理地存在；但在此同時，感覺缺乏地位和自尊的社會（這是我們應該反對的）亦被視為正當。盧梭對這個兩難的回應，是拒絕第一個前提：他認為，人們之所以推崇某些特殊成就，只是為了得到優越感。所以如果辦得到的話，揚棄這種推崇並不會讓我們失去什麼。（不過，他認為我們辦不到。）

不過和盧梭不同的是，我認為如果單論評價好壞，這種態度可能是正當的。有些成就的確值得為之奮鬥。為了成功而得意，或是為了失敗而遺憾，都是適當的。所以我必須處理這個問題：我所描述這些應該反對的結果有沒有可能避免，或是我們得接受這就是現實人生。

前面提到，在我設想的社會裡，所有父母都會希望子女藉著進入最好的大學等管道，學習這些特別職位所需的能力，而沒能擁有這些能力的人便會大失所望。然而，在這樣一個社會裡，**除了**受到尊崇的特定能力和成就以外，人們**尊崇的方式**——也就是這種尊崇對人們的生活，以及彼此的關係裡有何重要性——也是至關重要。[13]在我設想的社會裡，人們所尊崇的，是能讓他們在高等教育中表現優異的能力。所有人都希望培養子女這些能力；如果沒有的話，他們會很失望。說真的，等我們討論到機會平等便會發現，如果要讓子女擁有這些他們有理由想要的機會，在一個認為這些能力值得努力培養的環境長大是很重要的。

但認為某些能力值得擁有是一回事，而因為自己沒有這種能力，或是因為子女沒有資格進入最好的大學而崩潰，又是另一回事了——後者就是犯了評價上的錯誤。即便人們有理由希望子女擁有這些能獲得合意職位的能力，大家仍然有好理由相信，世界上還有其他值得做的事、值得過且值得感到滿足的生活。無法欣賞這種可能性，又是犯了另一種評價的錯誤。在理想上，一個能讓人理解到各種人生都有其價值的環境，也屬於每個人都應該擁有的機會。[14]當我們要思考完美的功績主義社會，無可避免會想到某種應該被反對的階級制度，這可能是因為，在我們想像的社會裡，多數人都犯了這種錯誤，而且過度關注特定類型的功績。

我們也會想像在這種社會裡，擁有特殊功績的人會覺得自己高人一等，沒有的人則會覺得自己能力較差、「受到輕視」。這又犯了另一種評價的錯誤。推崇特定的能力和成就，並為擁有這種能力而開心，並不代表相信這會讓自己比別人更優秀或是更重要。不過這種分別固然在理論上清楚明瞭，實際上卻難以區分，且其中的困難又是個嚴重的問題。人一方面會希望社會各階層的孩子都了解到學習表現良好和進入高等教育的價值；另一方面，他們又不該覺得自己比表現優異的人劣等，或是認為別人會看不起他們（無論其他人實際的態度如何。）無論他是否意有所指，內格爾所說的「智者和愚者」都指出了這種高下優劣之分。出於可理解的原因，這種優越和低下的觀點在我們社會中十分普遍，也因此產生的自卑感很容易為人所利用，造成有害的政治後果。

認同能力與成就的價值，和優劣感之間的不同更是難以區分，因為這些能力在人們的日常生活和人際關係中，都占有一席之地。人們偏愛結交跟自己重視相同事物的人，並結交具備和自身目標相關的知識技能的人，這無可厚非。羅爾斯提出「無從比較的群體」（noncomparing group），或許可視為一種承認其中難處，並嘗試減輕其影響的手段。

他主張在差異原則（difference principle）下，就算社會以某些有特別好處的職位（position of advantage，後文簡稱優越職位）來獎勵特定能力，只要選拔是在公平均等的機會下進行，這種獎勵的差異並不會導致有人喪失自尊。他說，這有部分是因為人們傾向組成「無從比較的群體」，和興趣及能力相近的人往來。為了避免人們失去自尊，對自己人生計畫的價值以及對實現計畫的能力產生疑心，他認為，我們「每個人至少應歸屬於一個利益相同的社群（community），由此，他的努力能得到同伴肯定。」[15] 他也寫道：「我們都傾向以自己的處境，和所屬群體內的人，或是跟身居和我們志向相關職位的人相比較。而在一個安排妥當的社會裡，每個社群內部的生活都很安定，人們比較不會去關注彼此前景的明顯差異，至少不會關注到令人痛苦的程度。」[16]

這看起來像是在逃避——打算遮掩而非解決問題。如果被遮掩的問題本身即是不公不義的差別，那麼確實是在逃避問題。但羅爾斯要說的是，即便是符合公義的差別，如果有人每天對其念念不忘，仍然會變成令人遺憾且不快的比較。如果能有無從比較的群體，羅爾斯認為這種事就不會發生。不過依然有個問題，這其中所說的，到底是哪些不平等？羅爾斯討論的或許有部分是收入和財富的差距，但他最關心的，以及我在這裡所關心的，都是當個人發現在某些值得努力的事情上，自己表現得不如自己有理由期望的那麼好時，其所產生的失敗感。如果是用來解決這種失敗感，而非處理經濟差距帶來的不快樂，無從比較的群體似乎比較不會有遮掩問題的爭議。

無論要如何看待，無從比較的群體都是一種非常現實的現象。在本章的最後，我會分享我的推測：我認為這個現象在兩個層面上，跟現今社會上的不平等急遽加深有關。無論有多少好理由可以反對不平等如此加劇，「頂端百分之一」極高的財富和收入致使底層百分之九十九的人失去地位和自尊心，在我看來都不在其中。先從我的個人經驗來看，無法像富豪一樣生活，絕對不會讓我感到沮喪。或許這只是因為生活中還有很多其他方面足以維持我的自尊。所以對於生活比我匱乏的人來說，事情或許並非如此。不過關於這一點，我也心存懷疑。我會認為，在我們的社會中，造成地位傷害的經濟不平等，主要發生在像我這種受過教育的成功專業人士，和其他沒那麼成功，尤其是前文提到真正貧窮而缺乏教育的人之間。如果我們能歸屬於某個無從比較的群體，也許可以減輕這種影響，但我也懷疑完全消失的可能性。

然而，有件事似乎有理，我和最有錢的人之間的生活差距不致令我沮喪，或許部分原因在於我們各自歸屬的群體無從比較。他們的生活方式不會讓我遭受地位或是能動性的匱乏，因為他們的生活不會對我設下任何期待標準（norm of expectation），只會**對他們自己人**設下標準，而這可能會造成極其重大的影響。我完全不想要那麼多錢，也不想要那些錢可以買到的物品，比如私人噴射機。但最有錢的人顯然想要這些奢侈品，我想像很大一部分原因，是他們心中比較的對象擁有、也想要。對外無從比較的群體，對內則是比較的戰場。

這或許和美國目前的不平等加深有關，至少跟企業經理人薪酬大幅成長這部分有關。對於美國經理人薪酬的批評，導致了實務上決定企業經理人薪酬的方式發生了兩種變化。[17]第一種變化是企業經理人的薪酬更為人所知。第二點則是企業的薪酬委員會（compensation committee）每年在決定該支付經理人多少酬勞時，逐漸傾向尋求外部顧問的意見。這些顧問所做的事便是提供「比較」——即告訴企業，那些他們正用以和自家公司比較的企業，會支付多少薪酬給經理人。

人們過去可能曾期待這兩種改變——薪酬透明化，以及利用外部顧問避免董事會偏袒友人——可以多少減緩經理人的薪酬成長。但實際上的趨勢似乎背道而馳，所以我們可以合理推測，這些措施的影響其實反而促使薪酬成長。其中一個影響是，企業會和表現相若或是更好的公司相互比較，並覺得他們給經理人的報酬至少必須「追得上」其他公司。另一個影響，我覺得很有可能是對於經理人來說，這些措施會讓他們更堅信自己值得這麼多報酬，因為他們可以取得其他經理人的公開資訊，並用這些資訊做為籌碼，推測（成功）做到這些工作應該拿到多少回報。[18]

我會在第八章論證，從事一份工作應該得到何種程度的經濟報酬，大多取決於社會慣例，而且沒有什麼道德依據。然而，就現有的社會慣例來說，人們自覺和自己一樣的人通常會得到什麼，自己就該得到什麼，這點並不足為奇。[19]這或許有助於解釋，人們為何會要求且期待更高的薪資水準，以及為何提供下屬獎金並加薪。一旦我們認清，這種應得的想法本質上只是一種慣例，就會看清無論人們如何言之鑿鑿，其實並沒有所謂的道德分量。

我在前面把地位和能動性的匱乏都當作反對貧窮的重要道德依據，而此際又同意兩者只是來自當今社會的主流態度，這麼看來似乎有點前後不一。但實際上並非如此。無論窮人或富人，都不會只因為社會慣例，而變得應該得到慣例上認為恰當的待遇。這種因為慣例就認為一個人應該得到什麼待遇的觀念，正是我在舉出富人承受的期待為例時企圖否定的。無論是貧是富，只要一個人沒有達到慣例所設下的標準，都會付出代價。但畢竟巨富因為沒能依周遭所期望的方式而生活所遭受的痛苦，遠遠不如窮人因為地位和能動性匱乏所要承受的代價。

總而言之，我在這章想要探討的是，存在歧視的社會有哪些地方在我們看來是應該反對的。我主張這種社會的邪惡，是不合理的拒絕提供某些人重要的好處，包括所謂「人際間的好處」。

接著我解釋了經濟不平等為何會像存在歧視的社會一樣造成地位傷害。這些傷害不只是因為經濟不平等，也取決於社會主流態度認為某些好處有多重要，而這種態度無疑犯了評價上的錯誤。接著，我思考在沒有歧視且機會確實平等的社會中，如果少了這種錯誤，同樣的傷害是否仍會發生？我也思考了羅爾斯用「無從比較的群體」來避免這些傷害的想法。

無從比較的群體這個概念背後隱藏著一個人類的天性：無論社會上存在什麼樣的等級制度，人們主要都是跟地位相近的人建立關係。無論社會正義與否，這種天性都是共通的社會學現象。羅爾斯所關注的是社會要如何才會公義。他將解方訴諸於「人們會形成無從比較的群體」此一天性，因為在一個經濟分配符合他正義標準的社會裡，這個作法可以把自尊所受的傷害降到最低；因此在這樣的社會裡，人們之間的上下高低，主要會是由經濟價值以外的成功來衡量。而我指出，在經濟高度不平等、不公不義社會裡，形成無從比較的群體的天性，反會讓人對誰應得什麼、有資格享受什麼，產生不合理的認知。

再者，這種天性在不平等的社會裡，還會造成其他負面影響。如果生活優渥的人主要都和相同經濟水準的人來往，便會更不理解弱勢者的生活和需求，因而對他們的處境缺乏同情。[20]這會致使前者更容易產生我將在第五章討論到的泛道德化觀點、更不願意支持那些能為社會所有成員提供實質機會（substantive opportunity）的政策，也普遍更不想遵守第二章所討論那種平等關懷的要求。這意味著，由於第六章所討論的理由，他們將更難以善盡職守，承擔起公職、公民和選民的身分。

## 注釋

1. 統計證據在何時、出於什麼原因，會不足以合理化特定形式的待遇？這是個很難的問題，相關討論請見Judith Thomson的《Liability and Individualized Evidence》和David Enoch,、Levi Specter以及Talia Fisher的《Statistical Evidence, Sensitivity, and the Legal Value of Knowledge》。感謝Frances Kamm和Paul Weithman要求我記上此要點。
2. 《A Theory of Justice》（第二版），頁386。
3. 《Discourse on the Origins of Inequality》。
4. 認為這些損失無關乎道德，並不代表否認它在心理上有強大的影響力，以及可能會被政治利用，因而造成不好的影響。
5. G. A. Cohen《Where the Action is》，頁10－15及各處。柯亨所在意的風化，主要是指社會對於是非的態度——對於一個人有權做什麼、無權做什麼的態度。而我的重點則放在主流觀念認為什麼值得重視，以及該如何重視；同時我也是在指出，基於和柯亨相似的理由，主流觀念對於價值的看法，跟對是非的態度同等重要。
6. 《An Inquiry into the Nature and Causes of the Wealth of Nations》，頁351－2。
7. Jiwei Ci的《Agency and Other Stakes of Poverty》。

8. 《Agency and Other Stakes of Poverty》，頁128－30。
9. M. T. Cottom的《Why do Poor People 'Waste' Money on Luxury Goods?》
10. 《The Policy of Preference》，頁104。
11. 我會在第八章評論這些不同的觀念。
12. 此問題由英國的社會學家Michael Young，在他的反烏托邦寓言《The Rise of the Meritocracy》中提出。
13. 區別獲得尊崇的不同方式有何重要性，可見我的《What We Owe to Each Other》，尤其頁99－103。我在此處和其他地方的主張都基於同一個觀點，就是過度重視某種成就，或者以錯誤的方式重視，便有可能犯錯，並忽略其他值得追求的選項。而我也沒有依賴更強而力的論點，亦即總是存在關於特定選項的價值，以及哪些人最有理由追求這些選項的事實。感謝Joseph Fishkin指引我留意到這點。
14. 此為Joseph Fishkin所強調的。見《Bottlenecks》第三章。
15. 《A Theory of Justice》第二版，頁388。
16. 《A Theory of Justice》第二版，頁470。
17. 後面是借用了Josh Bivens和Lawrence Mishel的《The Pay of Corporate Executives and Financial Professionals as Evidence of Rents in Top 1 Percent Incomes》。

18. 舉例來說，Gregory Mankiw就在《Defending the One Percent》中，以應得的觀點為基礎為高薪酬辯護。

19. Thomas Pikettty指出，社會對高階管理人員薪酬的慣例改變，是目前不平等大肆增長的重要因素之一，在美國和英國更是如此。見《Capital in the Twenty-First Century》，頁264－5。

20. 迴避這種天性，正是Danielle Allen認為連結緊密的社會（connected society）最主要的特徵。詳見她的《Toward a Connected Society》。

# 第四章

# 程序公平

人們普遍同意機會平等在道德上很重要，其可理解為個人在經濟上獲得成功的機會不會受到原生家庭經濟地位的影響。但意外的是，少有人說得清楚為什麼。本章和下一章就是要來探索這個問題。我的目標是找出機會平等這個概念裡，到底混雜了哪些道德觀，並檢視其間關係，為機會平等這個題目提供一份道德剖析。我會特別著重在討論各種支持機會平等的理由本身有多麼平等主義，以及牽涉到什麼樣的平等觀。

由於機會平等和報酬不平等可以相容，甚至預先假定了報酬不平等，加上它似乎沒有提到要如何限制或合理化報酬不平等，這導致不少平等主義者都對機會平等沒什麼好話。有人會說，機會平等根本不是真正的平等主義，或者只是為了讓不平等看似可以接受所發明出來的神話而已。的確，機會平等常被如此濫用，這是我們需要慎防的。不過，如果能好好理解機會平等，會發現機會平等並不是在為不平等找理由，而是另一個獨立的要求；若未滿足機會平等的要求，即便能得到其他理由支持，不平等仍然算不上合乎公義。倘使我們嚴肅看待這項要求，它其實有強烈的平等主義意含。所以，我適才所言，機會平等的壞名聲其實相當冤枉。為了評斷這場爭議，我們需要找出哪些主張是在支持機會平等的要求，並釐清該如何理解這些要求。

我認為機會平等包括三個層次的回應，而這些回應各自涵蓋了反對不平等的理由。假設有個人對於自己在經濟或其他方面不如其他人提出了控訴，要對這份控訴提出令人滿意的回應，我認為需要包含下列三種主張：

一、**體制合理化**（Institutional Justification）：有合理的理由支持一個會產生這種不平等的體制存在。

二、**程序公平**（Procedural Fairness）：其他人獲得優勢的過程是透過公平的程序，而他卻控訴自己沒有該優勢。

三、**實質機會**（Substantive Opportunity）：控訴者缺乏必要的資格或其他手段，因而無法在過程中有更好的表現，但這並未涉及任何不當。

這些主張構成我所談論的「對不平等的三層辯護」（a three-level justification for inequality）。我認為，理解機會平等的關鍵，在於理解這些主張，以及三者之間的關係。

體制合理化的主張，可以有若干形式。比方說，有人可能會主張，由於不平等是在個人行使財產權和契約自由權時產生的，單是這一點就能讓不平等變得合理。或者也有人會認為，產生不平等的體制可以讓每個人得到他們應得的，所以是合理的。之所以提到這些體制合理化的說詞，只是為了論述的完整並提供對照，我自己並不贊同這些理由，至於原因，我會在第七、第八章討論。而接下來我主要關注的說詞，則是藉由採行這種體制的結果來合理化這些產生不平等體制的主張。

有一種類似的說詞主張，讓企業經理人等特定職位獲得極高薪資的體制之所以合理，在於這種報酬可以吸引有能力的個人為採用體制的機構貢獻生產力。羅爾斯的差異原則，則是這種形式的另一類合理化說詞。其主張一個產生不平等的體制必須要能利及處境不寬裕的人，而且一旦取消該體制，則會讓這些人處境更差，如此該體制才合乎公義。這有別於單純訴諸增加生產力的說詞，因為它明確包含了資源分配的成分：唯有當不平等的利益分配模式，可以讓弱勢者的生活好過任何更平等模式下的最糟生活，不平等才會合理。這兩種說詞有個共通點，就是兩者皆同意，某些職位是否能合理得到特別的優勢，皆取決於該職位由能力相符者擔任時，能帶來多少福利。

接下來，我要討論的程序公平，都是依據讓體制合理化的特定理由。至於程序公平與否的標準，端看該理由的本質。如果財產權的行使可以讓不平等變得合理，那麼唯一的程序要求，正是這種不平等確實來自財產權的行使，不能牽涉到詐欺或偷竊等行為等。如果一個體制合理是因為它能讓每個人獲得自己應得的東西，那就只有當體制真的依據每個人應得什麼來給予利益時，這種不平等的利益才會合理。最後則是我感興趣的情況：如果一種會產生不平等的體制性機制能夠合理化，是因為產生這種不平等會帶來有益的結果，那麼這些不平等職位的分配方式，必須真的能帶來那些益處，才能符合程序公平的要求。

因此，如果讓某些職位得到特別優勢變得合理，是因為若這些職位由擁有特定能力的人出任，會帶來有益結果的話，程序公平便會要求這些人是因為擁有這些能力，才被授予這些職位。如果不是的話，這些職位是無法發揮當初讓它們變得合理的功能的，我稱之為「程序公平的體制性解釋」（the institutional account of procedural fairness）

最直接適用這種解釋的情形，莫過於當我們需要要由某個人或機構委員會做出決策，判斷該由誰擔任這些優越職位的時候；例如該雇用哪些人，或是允許誰入學。程序公平會要求這些決定的理由和這些職位的正當性具「合理關聯」（rationally related）——換句話說，便是這些職位要如何促進其所屬體制的宗旨。

就業是經濟利益的重要來源，而教育是獲得許多理想工作的重要門路，由於這兩者涵蓋了一連串重要的現況，因此自然吸引眾多關注。但我們仍得認知到，跟機會平等問題有關的，不僅僅是產生不平等的機制而已。比如說，成立有限公司、取得專利或其他類型的智慧財產權，都有可能讓人變得比他人更富有。若採納這些產生不平等的機制可以促使經濟制度獲得利益，使得這些機制變得合理，那麼如果有人以法律為由，認定某些人和他們的經濟功能無關而將這些人排除在外的話，就可以合理控訴程序不公平。（我們也會在第五章看到，如果有人缺乏利用這些機會的手段，他們的控訴也會有道理。）

我在此所描述的程序公平，都是以特定不平等的合理化理由為基礎，因此看起來可能不太像是平等主義的概念。不過，包含程序公平在內的三層辯護，都預設了這些不平等需要有理由，所以就這點來說它仍是平等主義式的。而且在歷史上，反對各種重大不平等的理由，一直都是以程序公平的概念為依據。

舉例來說，很多歧視之所以被認為是錯的，部分原因都是因為其中包含了前述的程序不平等。但這並非唯一反對類似歧視的理由，也不是所有歧視犯的錯都是出於這個原因。在發生種族歧視的地方，受歧視族群的成員會被整個制度排除在重要職位的候選名單之外，也可能會被拒絕提供相關的好處，因為他們都被視為低等，不配得到這些好處或職位。如同我在第三章的主張，我們應該反對這種社會的理由，不只是因為其違背了程序公平，也是因為這樣對人加諸汙名是不對的。反之，裙帶關係、任人唯親或單純在評估求職者時懈怠，雖然跟我們應反對的汙名化無關，仍然都是程序上的不公平。

「歧視」（discrimination）一詞可以用在若干不同的事情上。如果特定政黨的成員被排除在法官和其他優越職位的候選名單之外，或許可以說「遭到歧視」。只要說這樣在程序上不公平，就可以反對這種事。但有些常被稱作歧視的情況，跟程序不公平或汙名化沒有任何關係。比如說，讓不良於行的人無法進入公共設施，就是廣義上的歧視身障人士。即便這沒有反映出對殘障者的汙名化態度，也會因為違背第二章討論的平等關懷，沒有以恰當的方式考慮到所有人的利益，而應該遭到反對。

這些情況的共通點在於盡皆不正當地剝奪某些福利或機會。而我進行道德剖析的目的，正是要辨識出造成如此不正當的各種成因。我目前已經提到了三種因素：程序不公平、汙名化和缺乏平等關懷。這三種錯誤在廣義上都可以被稱作歧視。而我的目的是讓人注意到，它們其實是三種各自獨立，也會各自發生的錯誤，而且其錯誤的原因也各自不同。

當擁有相關才能的人擔任某些職位，帶來的好處足以讓違背機會平等變得合理時，「機會平等」就不會要求這些職位應不分有無才能並開放給所有人。拒絕沒有才能的人並非不公平，也不是歧視。但是，如果某種不平等沒有這樣的結果來支持，或者支持它的理由是應得與否，那麼擇優任用（meritbased selection）便失去了立足基礎，因為優劣在這裡成了不相關的概念。舉例來說，指派一個人負責指揮可以解決一些重要的協調問題，但如果這份行政工作不需要特殊技能，我所說的程序公平就不適用了。而如果人們認為，這個角色值得嚮往，或許得靠抽籤才能實現公平，以規避我們本該反對的偏袒循私。只是這種公平和我此刻所描述的不一樣。

我要先強調，此處談的優點或才能之所以和程序公平有關，是因為它和我所討論的體制息息相關（institution-dependent），這對接下來所要討論的內容十分重要。換句話說，什麼算是才能（亦即選任的有效依據），取決於個別體制目前的存在意義，以及其揀選人才擔任內部職位的方式本質為何、有什麼合理之處。

人們很自然會認為，才能是一種個人財產，有著獨立的價值，無涉於平素供他們利用或賺取回報的社會體制。比如說，音樂才華會被看作一種有價值的個人稟賦，而能夠任其發展並運用這種稟賦的社會體制會被正面看待。不過當然，每個社會都有各自的音樂傳統，所以什麼算是音樂才華也未必相同。但我們至少可以說，某些音樂才華特別有價值，而如果社會傳統認同這種價值，並允許人們培養這種受人重視的音樂才華，那自然是好事一件。

而牽涉到程序公平的才能不需如此，通常也不會是因此才有價值。[1]我們之所以能依據這類才能，選擇由誰擔任優越職位，是因為當一個人擁有這些特質，比較容易在這些職位上表現優秀，促進當初設立該職位的目標，而這些目標正是體制能合理設立這些職位的理由。[2]在少數情況下，這種理由可能會跟特定能力的獨立價值有關係。如成立音樂學校之所以合理，正是基於培養特定一種音樂才華的價值。只是這並非常態。撰寫程式的技能本事可能有價值，也可能沒有價值。但它之所以跟特定職位的選拔有關，是因為找擁有該技能的人出任該職位，可以促進其他目標，如架設網站方便公民使用醫療保險。

要知道某個職位和哪些才能有關，除了體制本身的目標外，也要看該體制和職位之間是如何組織的。如果有個職位需要舉重物，那力氣大小便是一項重要的能力；一旦這件事可以用堆高機完成，力氣就不重要了。如果法文是在某份職務，或是某一門大學課程上獲致成功的關鍵，那法文知識便是相關能力；當一切都可以用英文完成，法文就不重要了。我前面說牽涉到程序公平的才能或能力，都跟體制息息相關，意思就是它們重要與否，端看體制是因為哪些目標而變得合理，以及體制為了促進這些目標採用了什麼組織方式。

由此可知，如果有個體制的組織方式要求任職其中的人擁有某種能力，但實際上換成另一種不需要該能力的方式也可以運作良好的話，那就必須用後者來組織才會平等，因為偏袒擁有這項能力的求職者並不合理。舉個顯而易見的例子：如果一個體制裡的特定職務需要多數女性欠缺的力氣，但其實只要有機械協助，並不需要多少力氣也可以做好這項職務的話，以力氣不夠為由拒絕錄用女性，即是缺乏正當理由的任意之舉。在這個例子之外，我們也該注意到，跟體制合理性有關的價值（亦即三層辯護的第一層）並不限於所謂的產出效率

（output efficiency），也包含體制提供的生產性工作機會對個人的價值。因此，一個以某種方式組織的體制是否合理，決定因素可能會包含不同價值間的權衡取捨，如犧牲產出價值來換取更好的工作機會。[3]

程序公平的體制性解釋也說明了何以「從道德上來看是任意分配獎勵」這點，無法用來反對依據相關能力選任人才，因為在任意分配的情形下，當事人無法控制哪些才華會受到獎勵，對自己擁有的才華也「無法居功」。

「從道德上來看是任意的」這句話一直普遍為人誤解和誤用。但就我的了解，說某個特質從道德上來看是任意的，意思只是**其本身**無法為支持特別的報酬找到理由。從這層意義上看來，一個特質在「道德上是任意的」，並不代表在特定條件下，根據此特質存在與否來分配福利一定不公不義，或是應該遭到反對，因為我們或許也有其他好理由這麼做。

現代人對「道德上來看是任意的」這句話的用法來自羅爾斯，但他這句話要反對的其實是「自然的自由體系」（System of Natural Liberty），亦即單純根據市場的結果來決定如何分配獎勵，這會讓每個人的生涯前景被「道德上來看是任意的」因素所決定。[4]這段話常被理解成，羅爾斯認為，凡是由這種「任意」因素所決定的分配方式，都是我們應該反對的。這完全有誤。柯亨等人指出，差異原則本身其實允許偏袒擁有特殊才能的人。所以要是羅爾斯認為我們應該反對依循道德上任意的特點來分配獎勵，就會自相矛盾。然而，若是以我的方法來理解，他的立場則不會有不一致之處。[6]根據差異原則，有特殊才能的人獲得特殊獎勵是合理的，因為設立這些職位對所有人都有利；換句話說，獎勵這些人才的體制之所以合理，是因為實行之後的結果。我並沒有把才能本身及其稀缺性，當作合理化體制的理由。

接著我們來談談，有沒有什麼理由可以反對以這種體制上的合理化來支持擇優任用。首先，用這個理由來合理化似乎太過仰賴一項體制的結果或目標。難道體制不會不當地偏愛或偏惡某個族群嗎？比如說，四〇年代的州法律學院可能會主張，其目標是訓練對州經濟有所貢獻的律師，由於沒有事務所會聘用黑人，招收黑人學生對此目標將毫無助益。這種說法無法反駁我提出的觀點，因為「三層辯護」中的第一層是規範性的問題，其所提問的是採行含有這種不平等的體制是否合理，以及如何**真正地**合理，而非這樣的體制要怎麼**被視為**合理。

依賴程序公平來合理化一個包含某種不平等的體制，也讓我們有可能在揀選人才的準則上取得某些彈性，既不用違背形式上的機會平等，又能超越對優劣的狹隘理解。舉例來說，如果社會特別需要某個科別的醫生，或是願意服務偏鄉的醫生，醫學院便能合理的在原本的科學和臨床技能之外，加入這些因素來決定要錄取誰。這個合理化的方式和前述的法學院招生政策不同，不會因為預設了排擠社會弱勢的態度並參與其中而讓人有理由反對。

一些針對女性和少數族裔候選人的平權運動政策，亦可透過相近的論述找到合理性，因此可以兼容於和我所了解並捍衛的形式機會平等。我所定義的歧視，其原因是社會普遍相信某些族群的成員低人一等，認為他們天生不適合或是缺乏能力，以致他們被排除在權威的專業工作之外。由於人們會相信某個人才可以勝任特定職位，絕大部分取決於在他們的經驗裡，從事這份工作的多是哪些人，因此對抗歧視的關鍵手段之一，便是讓人們看見，過去被拒絕擔任這些權威職位的人，其實也可以做得跟其他人一樣好。

所以，對於習得這些專業所必經的教育機構來說，協助推進這個過程也是正當的目標。換句話說，偏袒有能力表現良好的受歧視族群或許會導致體制的其他目標會蒙受損失，但只要我們有好理由去承擔這些損失，這麼做在程序上並沒有不公平之處。至於實行起來是否真是如此，則端視其他目標額外遭受的損失有多重要。在選擇要由誰接受腦外科訓練時，除了有沒有足夠的技能以及是否可靠之外，其他因素能納入考量的程度很有限。但並非所有體制的目標都有這麼高的邊際價值（marginal value）。跟前面提到的法學院政策不同，此處描述的政策不涉及任何汙名化，沒有任何族群被視為低等，因而被制度排拒出任令人嚮往的職位。

平權運動的基本闡述源於以經驗為依據的主張，認為優惠政策能夠一如預期地減少社會上的歧視態度（而非招致憤恨，或是讓人們因為優惠而認為政策的受益者實際上資格不符）。這種說法只能讓平權政策成為一種合理的過渡措施。施行一段時間後，政策若不是達成預期的效果而不再被需要，就是被證實無效而不再合理。

這個例子指出了兩個要點：第一點是，一如前面所提，雖然拒絕歧視（non-discrimination）的要求和擇優任用原則有所交集，卻不是出於相同的道德基礎。第二點則是，這兩件事都不一定會要求政策「不看膚色」，或是避免採用其他「可議的分類方式」。拒絕歧視的要求只有在涉及族群排擠和看不起人的態度時，才會禁止基於種族的決策。而擇優任用只有在種族或其他「可議的分類方式」和該體制的正當目的無關時，才會禁止使用這些分類。

反駁程序公平的體制性解釋的另一種可能理由，就是違背擇優任用原則辜負了那些沒有被選上的人，而體制性解釋卻未對他們負起責任。種族歧視對待人的方式之所以是錯的，有一個顯而易見的原因：受歧視者是因為種族而被貶為低等。因此反種族歧視的主張，其基礎也都是宣稱沒有人應該受到這種惡劣對待。相較之下，體制性解釋似乎無法說明，為什麼裙帶關係或在看履歷時偷懶，是在惡劣對待那些被排除的人。乍看之下，背離擇優任用原則似乎只會辜負體制或選拔人員的雇主。其控訴之處也只有選拔人員沒有做好分內的職務。

要回答這個顯而易見的反面意見，答案在於擇優任用的工具性原理，其實只是三層辯護的一小部分。這套辯護是用來回應人們對於自己資產不如他人的抱怨。而這套回應是否充分，取決於其所包含的三種主張能否得到充分的捍衛，尤其是如果能捍衛第一種主張，首先便能讓附帶特別利益的職位變得合理。擇優任用的體制性特徵反映了一件事，亦即唯有當職位的授予方式符合職位本身的合理性，從中造成的不平等才會有充分的理由支持。而這個由上而下的步驟只是整組合理性的一部分，其中的合理性則歸功於受影響的人。（我稍後會進一步回應這個反面意見。）

體制性解釋讓人擔心的第三點，是其所涵蓋的情況可能不夠多。假設有很多資格相等的候選人可以出任某個優越職位。此時，體制性解釋似乎無法反對我們在這些同樣有資格的人裡，獨厚自己的親友或學生。但如果在這麼多同樣有資格出任的人裡，萬一被拔擢的都是權力者的朋友，似乎也應該受到反對。

的確，在這種情況下，沒有人可以指控出任者無法實現讓優越職位變得合理的目標。但也沒有人可以直言，若由那些被淘汰者來任職會執行得比較差。所以拔擢任何一個候選人並放棄其他人，在體制上都沒有比較合理。

在這種情況下，沒有一個候選人能理所當然地要求這個職位。而前面想到的那些選才方式（包括偏袒決策者的朋友或政治支持者）之所以應該受到反對，並不是因為其所造成的結果（選出一個人），而是因為實現結果的方式。在我看來，反對這種政策的理由，也包括了第二章提過的，違背了平等關懷的要求。反對這種偏袒的原因，正是因為它授予職位的理由，是出於關懷某人的利益。不過，如果這個決策是私事，平等關懷的要求即不適用，「偏袒」也沒什麼好反對的。說不定還很正當。因此，我們需要的只是一種做出選擇的手段，這種方法絕對不能把特定候選人的利益，看得比其他候選人的類似利益更重要。這也就是為什麼抽籤是可行的。[9]

而第四個擔憂，是程序公平的體制性解釋和效率至上的主張太相似。避免種族歧視並不需要讓人們放棄任何原有的事物。但擇優任用需要成本——不只是負責雇用或招募的人員要放下對親友的偏袒，詳讀申請資料同樣也是勞動成本。所以問題來了：要多仔細才可以？揀選的過程應該投入多少時間和心力？體制性原理或許提供了答案：直到為了促使職位變得合理的目標，更徹底執行所需要的邊際成本，超越更加謹慎所帶來的邊際效益為止。

但這個答案看起來不夠充分。要做到對求職者公平看來需要更多。例如使用種族、性別或出身地區等替代指標（proxy）來選人任用，即使這樣比較有效率，仍然會不公平。由此，我也注意到：體制性解釋是說明程序公平時最關鍵的環節，因為只有它可以說明做選擇時有哪些準則是相關的。然這套解釋也忽略了一件事：人們不只有理由想要獲得某個體制內職位所附加的經濟和非經濟優勢，也有更深層的理由想要因為自己（由體制決定）的才能，被認真視為出任該職位的候選人。使用替代指標，以及不認真看履歷等作為，除了在某些時候因為其他原因而該被反對以外，可能也都沒有給予人們應有的關注（due consideration）。

只是，哪些算是應有的關注，無疑是個困難的問題。不同情境的答案，可能取決於體制必須投注大量心力的成本，也可能取決於個別求職者所面臨的風險。我的看法是，這個問題沒辦法完全由前述的關注來解決。所謂應有的關注，此要求獨立於，也可以超越體制效率（institutional efficiency）的需求。正如第二章討論的平等關懷，這項要求似乎也同時有著比較與非比較性的元素。每個人都應該得到某種程度的細心關注，雖然要準確指出具體程度並不容易。不過，當有某個族群的成員，得到了比其他人更細心的關注，就會違背平等關懷，變成我們應該反對的情形。

在本章最一開始，我曾說過要提出機會平等的「道德剖析」，找出牽涉其中的各種道德觀，以及這些道德觀之間的關係。一一清點下來，我發現這些道德觀包括以下：首先，體制要如何才能合理地設立某些不平等的職位。其次，我探討了是否有可能將程序公平的要求理解成這種合理性的必然結果。再者，我檢視了這種公平觀對才能的看法，也就是才能和體制息息相關。我也思考了擇優任用的要求和反對歧視的概念之間有何交集，差異又在哪裡。最後則是，我認為，這個概念需要「對應有的關注的要求」來補充。整合這些要點後，程序公平的要求似乎有了解釋。

即便如此，卻也沒有解釋到我們該如何理解實質機會的要求，以及這個要求的合理性為何。這些問題，我將會在下一章探討。

## 注釋

1. 如果造成不平等的體制之所以合理，是因為人們可藉此得到他們所應得的，且這種應得的理由又獨立於體制本身的話，確實會跟音樂的例子一樣。感謝 Ben Bagley 讓我注意到這種可能性。我會在第八章證明，這個方法無法合理化嚴重的經濟不平等。
2. Norman Daniels 清楚指出了這一點。請見《Merit and Meritocracy》，頁210。Daniels 也指出（頁218－19）程序公平中的功績主義理念可以結合許多不同職位和隨附獎勵的體制合理性。
3. 感謝 Regina Schouten 和 Joseph Fishkin 提醒我需要強調這一點。
4. 《A Theory of Justice》section 12。
5. G. A. Cohen 的《Rescuing Justice and Equality》，頁158－9。
6. 柯亨思考後拒絕了這一種解釋（《Rescuing Justice and Equality》，頁166－7），理由是羅爾斯在解釋如何在原初立場（Original Position）中實現差異原則時，需要對「道德上的任意性」採取更強烈的解讀，將其理解為「平等基準」（benchmark of equality）的原理。我認為這樣不對。我會在第九章解釋，這種基準的依據完全是另外一回事。
7. 要有完善的理由來反對「自然的自由體系」，羅爾斯必須論述，有些人在比較平等的作法下可以過得更好，而鼓勵特定稀缺才能的作法將導致他們過得更差，對這些人來說，單是效率並不足以成為支持後者的充分理由。

8. Ronald Dworkin討論過這個例子，見《Taking Rights Seriously》，頁230。

9. 基於其他因素做出選擇，如雇用比較矮的人、穿藍襯衫的人，並不是把他們的利益看得比其他候選人更重要。但以這種瑣碎的理由來淘汰候選人，又是不夠重視他們的利益。（見Frances Kamm的《Morality, Mortality》卷i，頁146中的〈Principle of Irrelevant Utilities〉）。不過，如果是把一份職務交給資格相等的候選人中，最需要這份職務的人，並不會招來我目前提及的反對理由（比如違背平等關懷或重視無關的因素）。感謝Kamm和我討論這個議題。

# 第五章

# 實質機會

程序公平著重的是社會選擇由誰擔任優越職位的程序。至於為成為符合這個程序中的優秀候選人，則關乎教育以及其他條件，而我稱之為實質機會（Substantive Opportunity）的要求。如果滿足了這項要求，代表社會上沒有人可以正當控訴說，自己是因為無法取得足夠的條件，才欠缺能力去競逐優越職位。本章要探討的問題，正是我們該如何了解實質機會的要求，以及該如何捍衛。

在美國常聽到一種說法：窮苦人家的小孩只要努力，長大也可以變有錢。這句話顯示出，起碼在口頭上，連右派人士也都普遍認同，所謂的機會平等代表了至少某種程度上要有實質的機會存在。[1]然而，實質機會的要求為什麼合理，卻少見相關的討論。

單以前一章對程序公平的討論，仍不足以說明實質機會的要求為什麼合理。只要有足夠的候選人具備適合的技能來爭取優越職位，完成讓這些職位合理存在的目標，那我們就沒有理由從職位的合理性來決定要幫助更多孩子發展這些能力。即便我們為了某個機構的需求而投資這個領域、培育更充足的合格人才，這也只是出於「人力資源」的考量，而非來自正義的要求。[2]

羅爾斯曾經從正義的要求，提出一種稱之為「機會公平均等」（Fair Equality of Opportunity）的實質機會。他的描述如下：「擁有相等才華和能力，且有相等意願運用的人，無論原本處在社會制度中的哪個位置，發展前景都應該一樣好。」[3]羅爾斯沒有對機會公平均等做出太多明確的論述，而是偏好以這個概念來解釋他認為「不平等必須對所有人開放」的想法。

詹姆斯．布坎南*也基於從同樣的基礎，贊同每個人都應該能在實質上得到機會（雖然他指的並不是**機會平等**，他認為機會平等不切實際）。他的說法是，當**鎮上只有一場比賽**，每個人都必須有公平的機會參賽。[4]而家庭環境的差異，則是讓每個人擁有公平參賽機會的最大阻礙。布坎南認為，要對抗這種不公平，每個人都要能得到良好的公共教育，另外世代之間的財富轉移也該「在憲法要求下」受到限制，即便這麼做多少會犧牲個人自由和經濟效率。

布坎南心裡所想的機會開放（openness），顯然不只適用於需要靠大學招生、公司徵人等程序選拔人才的職位，也包括創立自己的事業以獲得成功等。限制財產繼承可以防止有錢人的子女在爭取後者這種成功時，得到不公平的優勢。但要讓所有人得到公平的參賽機會，顯然要讓窮人家的子女也在起跑點就有起碼的資本和信用。這點或許可以藉由全民最低遺產（minimum inheritance for all）來實現。關於這類政策，安東尼．阿特金森（Anthony Atkinson）、布魯斯．阿克曼（Bruce Ackerman）和安妮．奧斯托特（Anne Alstott）都提出過不同的版本。[5]

相對於海耶克（Friedrich Hayek）和米爾頓・傅利曼（Milton Friedman）等其他自由市場的支持者，布坎南在實質機會上為何採取這麼強烈的立場，的確是很有趣的問題。我相信，原因出在布坎南不同於這兩者，[6]他是契約論者（contractarian）。[7]他和羅爾斯同樣相信，體制必須讓所有要接受及參與其中的人，都有合理的理由去接受並參與。[8]如果社會上那些令人嚮往的職位，沒有不計出身地對所有成員開放，便無法滿足這項要求，也無法讓體制有合理的可能。如果「比賽」的規則無法讓每個人公平參與，也就無法要求大家接受並遵守。

接下來，我會從機會開放這個要求的原理闡述，以及其適用於哪些職位開始討論。羅爾斯指出，社會和經濟不平等要合理，條件之一便是必須滿足這個要求。他最初提出第二正義原則，認定「社會和經濟不平等的安排應該同時（a）讓我們可以合理期待它們對所有人有益，且（b）附屬於對每個人開放的公職和職位（53）。」後來羅爾斯又進一步加上「在機會公平均等的條件下」（72），這段陳述因而成為他對機會開放最鍾意的解釋。這表示如果

---

* 編注：詹姆斯・布坎南（James Buchanan, 1919-2013），美國經濟學家，公共選擇理論代表人物，一九八六年諾貝爾經濟學獎得主。著有《自由的界限》（*The Limits of Liberty*）等書。

要讓社會和經濟**不平等**合乎公義，必須先滿足機會開放的要求。於是，那些報酬高到不平等，或是擁有特權的職位，成了此要求所適用的對象。我想把這種支持機會開放要求的理由稱作「不平等合乎公義所需的基本理由」（just inequality rationale）。

另一種更為廣泛也更急需的要求是，如果在一個社會裡，有人因為歧視或出身不夠富裕，而被拒絕追求他們有資格勝任，也有好理由想進入的行業——不論這些行業是否報酬特別好或是有隨附的特權——我們即有理由嚴加反對這樣的社會。這包括了像是藝術家或音樂家等行業。這種要求雖然範圍更廣，不過做為一種對實質機會的要求，其實可能相當有理——畢竟，「符合資格的人若不是出身在有錢人家，就沒有多少機會可以進入令人嚮往、需要更高教育程度的行業」，這樣的社會顯然應該被反對。[9] 且讓我把這種支持機會開放要求的理由稱為「自我實現的基本理由」（self-realization rationale）。之所以提到這兩個理由，是因為兩者都有各自的訴求，儘管比較縮限的「合乎公義的不平等」捍衛起來似乎會比較簡單，[10] 它也會是我最直接關心的要求。不過，兩種理由之間的差異可能會在某些地方有所關聯。

根據羅爾斯的主張，機會開放要求「擁有相等才華和能力，且有相等意願運用的人，無論原本處在社會體制中的哪個位置，發展前景都應該要一樣好。」想要釐清這個說法，要先談清楚我們該如何理解才能和「努力」或「意願」這種動機上的要求。待釐清之後，我們才能著手探討平等與否和機會開放之間的關係。

之前我曾提到，能力這個概念和程序公平的要求，兩者之間的關係和體制息息相關。為優越職位選拔人才時所依據的能力，是身居該位者要發揮該職位的存在理由所需要的特質。同樣地，這些職位培訓人才的學術課程在遴選人才時所依據的能力，也包含了從課程的目標和組織方式來看，學生要表現良好所需要的特質。

一旦確定了職位和教育學程的目標與組織方式，我們也就確定了在這層意義上，哪些特質算是能力。一個人在某段時期裡，要麼是有，要麼是沒有這些特質，其中有些人的特質又比別人更強烈。但真如此的話，職業或教育學程一旦有了改變，能力的意含亦會隨之改變，這種改變又會讓實質機會所要求的能力也發生變化。如果課程讓重要的優越職位需要特定的語言能力、電腦技能或科學訓練，那麼根據羅爾斯所提出的機會開放，這些技能必須讓所有人都有辦法取得。要是只有富裕家庭的子女才能學到這些技能，那麼，貧窮家庭的子女就不會被認為適合這些職位。但如果獲得這些語言或電腦技能是相關大學課程的訓練內容，而非修習課程的前提，這個理由就沒辦法用來要求讓每個人都能獲得這些訓練。

這些看起來都很清楚。我們依舊不清楚的是，這種和體制相關的能力觀，是否能協助我們充分理解實質機會平等的要求，特別是羅爾斯所謂的機會公平均等，其所要求的是「擁有相等才華和能力，且有相等意願運用的人，無論原本處在社會制度中的哪個位置，發展前景都應該要一樣好。」[12]這種對機會平等的構想，顯然用到了某種對能力的概念，為人人可得的教育和其他條件設定標準。但能力的概念若要發揮這種功能，其本身不能依賴特定的教育形式，也不能仰賴其他的發展條件。

舉例來說，抽象推理（abstract reasoning）對某些人來說很簡單。他們在數學和編寫電腦程式等學科上可以表現得特別好，因此可以得到需要這些能力的優越職位。這看起來和機會公平均等可以相容，因為適合和不適合這些職位的人，在這些學科上並沒有「相等的能力」。然而這個結論卻預設了某種特定的教育形式。一旦我們發現有辦法提早介入學習，如用特殊課程、藥物或某種諮商輔導的方式，讓其他學子也可以發展出同等的抽象推理能力；如此一來，我們還能說由於成功進入前述教育歷程的人，抽象推理能力都「比進不去的人更強」，所以原本的教育仍符合機會公平均等的要求嗎？似乎是沒辦法。又例如，假使富裕的家庭可提供子女參加特殊課程，或是用其他方式介入教育，幫他們及早克服抽象推理方面的弱點，而貧窮家庭的子女卻無法得到這些福利，似乎就無法滿足羅爾斯構想中所呈現的機會平等觀。

於是我們可以說，只要能力的概念跟體制有關，就得假設有某些具體的教育形式和其他條件可以訓練出這些能力，才有辦法判斷兩人是否擁有「同等能力」。因此，「讓才能相等的人有平等的發展前景」，無法用來確定機會平等所要求的教育形式和其他條件。雖然只要改用「能力與體制無關」的觀點，即能避開此問題；但在我看來，這類概念都跟經濟體制的合理性無關。[13]

另一條理解羅爾斯想法的路徑，是直接將之理解成，子女成功的機會不需依賴家庭的收入與財富。這條思路的看法，是根據富人所能提供的教育來訂定標準，依此決定什麼才是「相等能力」。也就是說，如果兩個小孩都有足夠的動機（之後再回來談這個因素），且平等提供他們目前可得的最好教育和其他發展條件，他們便會擁有「相等能力」。

這會讓標準變得超高，而我稍後也會回來討論，在一個經濟嚴重不平等的社會裡，這麼做會有什麼問題。不過，要為所有學童提供足夠適當的發展條件，其中難處不只在於貧困，每個家庭對教育的態度和價值觀不同也是原因之一。[14]我們可以從之前擱置的「意願」（willingness）來討論這個問題。

羅爾斯對機會公平均等的構想有個模糊不清的地方。他先是說「擁有相等才華和能力，**且有相等意願運用**的人，無論原本處在社會制度中的哪個位置，發展前景都應該要一樣好」

（也是我的重點）。但接著他又提出了一個更強烈的條件，認為如果因為欠佳的家庭環境，致使許多人發展出「無法努力」的心理狀態，結果失去憑才能取得優勢的資格，那麼社會就沒有實現機會公平均等。[15]後者這個強烈的主張看起來很正確。單是訴諸有人缺乏意願或沒能努力，仍無法解決我們要討論的問題。

這樣談問題會有流於泛道德化＊的危險，在討論機會平等時，這是最容易誤入的陷阱之一。[16]「同等意願」這個字眼或許暗示著，只要我們可以（誠實地）對控訴者說「只要你多努力一點，就可以得到這些福利了。所以無法擁有這些福利都是你自己的問題」，便代表了社會有實現實質機會的要求。這種泛道德化的想法認為，這些人擁有得少，是因為他們的道德有所缺失，並且以為這樣可以合理化不平等。在這種情況下，人們也會產生一種錯誤的應得觀，認為勤奮的人會因為努力而得到恰當的獎勵，反觀努力不夠的人活該因為懶惰受苦受難。

儘管很誘人，但這些泛道德化和訴諸應得都錯了。[17]要了解他們為什麼出錯，需要更謹慎檢視，人的選擇所導致的結果，或是人如果選擇恰當就能避免的結果，在什麼情況下會有道德意義。當我們對主體或他的行動方式做出道德評價時，很可能是會牽涉到以上的其中一種情況。如果一個人是「出於意願」做了某件事，無論她對自己的行動與結果有何信念，都代表她認為這件事值得一試。舉例來說，如果我說要去機場接你，後來卻因為要看我最喜歡的影星上電視而沒赴約，就代表相較於你的方便和我對你的承諾，看偶像的樂趣對我來說更重要。而我做了這種選擇，也會影響你如何看待我這個人，以及我們兩人的關係。

不過，如同我在第八章的論證，享用福利者的品格（moral character）差異，並不能合理化社會上的福利分配不平等。一個人的自願選擇之所以能決定不平等的結果是否合理，並不是因為這種選擇能展現他的品格。我們也需要其他的解釋。

以下是相對適切的解釋：[18] 每個人通常都有好理由期待，自己在恰當條件下做出的選擇，會對自己的際遇產生影響。第一個理由是，在良好條件下所做的選擇（比如對各種選項有充分的資訊，並且能夠清楚考慮這些選項）較能反映出一個人的價值觀和偏好，因此人們也比較容易喜歡和贊同這種選擇的結果。第二個理由是，相較於其他選擇方式的結果，這些選擇的結果對人們有著不同的意義。例如從某一件事（如果真有這件事的話）之中，禮物衍生出一層重要意義，那就是禮物反映了送禮方對收禮方的感覺；而職涯等攸關人生走向的選

---

* 譯注：泛道德化（moralism）是指對社會灌輸特定道德觀，要求公私領域都得遵守該道德觀的思潮。這種思潮發軔於十九世紀，並對英美政治造成了深遠的影響，禁酒運動便是泛道德化最明顯的成果之一。

擇也是一樣。

想要在人生的重要面向上有所選擇的理由，深受做選擇時的條件所影響。如果一個人不了解各種選項的本質，或者當下條件讓人不太能考慮某些有價值的選項，或是認真看待選擇的話，便有損做選擇這件事的價值。因此，人們會有強烈的理由期待自己可以在夠好的條件下做出選擇，並且根據選擇得到相應的際遇。當這些際遇跟生活中重要的層面，比如職涯追求有關時，更是如此。

一個人因為沒能在夠好的條件下做出選擇而失去獲得某項福利的資格，他對於得不到這種福利可能會「無話可說」。之所以會對提供這些福利的體制無話可說，只因為體制已經盡其所能讓所有人有機會取得這些福利。但唯有在當事人可以在夠好的條件下做選擇時，這種無話可說才有道理。

我認為，羅爾斯所說的「意願」應該是這麼理解的。當他寫下「擁有相等才華和能力，且**有相等意願運用的人**，無論原本處在社會制度中的哪個位置，發展前景都應該要一樣好」，意思應該是在某些情況下，人們如果沒有發展才能的「意願」，代表對於自己無法成功獲得令人嚮往的職位這件事，他們其實沒什麼好抱怨的。但也只有在他們做出不發展自身才能的決定時的當下條件夠好，而且也因為條件夠好才做出這些決定時，他們才會無法抱怨。在這種情形下，我們可以說「某些人擁有的不如他們所想要的多」這件事情並非關乎其品格有（部分的）合理性——因為他們沒有付出夠多的努力，把想要的東西變成自己應得的。[19]除此之外，這更說明了包括基本社會體制在內的**其他人**，究竟為這些人做了些什麼：**因為**這其他人已經付出了夠多努力改進這些人的條件，讓他們對自己的選擇無話可說。[20]

按照這個解釋，在足夠好的條件下，真正重要的其實是一個人可以**有**選擇，而非他意識到自己在**做**選擇。只要一個人是處在夠好的條件下，可以經由適當的選擇獲得特定結果，即便她因為沒能意識到自己其實正在做選擇，因而未經選擇便放棄了該選項，這樣也很夠了。[21]

這個觀點並沒有否認個人，尤其是成長環境不好的人，依然是道德主體（moral agent），需要為自己的選擇負起責任。[22]而其理由有二：首先，這個觀點並不認為個體理所當然可以得到好結果。社會必須提供的條件有其上限，滿足條件以後，過得怎麼樣就事在人為了，每個人都要為自己負責。其次，即使我們為那些成長過程中家庭和社會條件不好的人做得不夠多，他們仍然是有能力負責任的主體，一旦不夠努力，依然要承受道德批判。正如我前面的論證，人們做的選擇是否反映了可受道德批判的態度，這是一回事；社會體制讓他們置身於容易發展出這種態度的環境，這件事本身是否因為沒有符合實質機會的要求，而在道德可以被批判為不正義，又是另一回事。這兩個問題若沒有區分清楚，便會導致我前面反對的泛道德化。

要為兒童提供夠好的環境，以協助他們發展才能，困難之處不只是貧窮和貧窮造成的後果。有時問題的癥結不在經濟，至少不完全在經濟，而是文化上的。人們會對什麼事情產生「努力的意願」，取決於他們覺得哪些是真有前途可言，以及哪些值得重視；對於不同社群出身的人來說，這些面向大不相同。例如孩子如果在舊派艾米許和羅姆*等文化迥異的社群中成長，他們通常也會有為了某些目標「努力的意願」，卻不會是追求社會最讚許的那種成就。這可能是因為在他們成長的社群中，主流態度並不認為這些成就特別有價值，或是不認為這種追求對自己來說有多少成真的可能。再以另一個不這麼極端且常見的例子來說：如果年輕女性未能爭取到自己本應符合資格的職位，是因為她們出身的家庭相信，且鼓勵她們相信這些工作不適合女性的話，也沒有滿足實質機會的要求。

除了各自家庭所重視的價值，兒童生活的社會中盛行哪一種態度也同樣重要。對於社會態度，有一種眾所皆知的負面考量是，我們之所以應該反對社會存在種族和性別歧視，其中一個（但不是唯一一個）理由是，這些態度處處阻撓受歧視的族群，讓他們認為那些值得追求的職涯不適合自己，傷害整個社會的機會平等。但社會態度仍有一些重要的正面影響。在維持雙親權利的前提下，我們很難讓每個兒童的家庭環境都能提供「好條件」，以便他們意識到什麼樣的人生和職涯值得追求。而社會卻可以提供一個更大的環境，提供各式各樣的選項，人們有機會接觸並考慮這些選擇。[23] 這或許是我們所能做到最好的了。

如果目前談的程序公平和實質機會都能實現——換句話說，各種職位都像我們目前的討論一樣「開放給所有人」的話——那麼一個人能否擠身優越職位，有賴他是否擁有體制所需要的能力，以及他有沒有用必要的方式爭取這種職位。不過，從我的觀點並不能推論出才能或能力，還有發展能力的意願都只和個人有關，也不能推論出根據這些特質來決定應得與否是符合公義或恰當的（我相信從羅爾斯的觀點也做不到）。[24] 因為能力和意願都可能會影響到分配的正義（justice of a distribution），然而，它們之所以有這種規範性的影響力，原因又各自不同。

「才能」的重要性，來自於特定優越職位當初存在的合理性；而由這份合理性所衍生出的程序公平，也需要以才能為判斷依據。而有鑑於人在從事職務時努力工作的意向，也就是

---

* 編注：舊派艾米許（Old Order Amish）為一嚴格執行簡樸生活的宗教族群，拒絕汽車及各種電力設施等，教徒主要分布於美國賓州。羅姆人（Roma）即為吉普賽人，起源於印度北部，如今散居各地的流浪族群。

動機，跟才能一樣也是發揮生產力所需的特質之一，它同樣也會是體制在選任人才時的合理依據。除此之外，如我前面的論證，有「意願」發展才能雖然是一項正面的個人特質，但不特別值得獎勵。意願跟選任才能之間的關聯主要是，如果一個人**缺乏**意願，也就是沒有利用機會發展自己的才能的話，當他無法獲得特定的福利，就更沒有理由反對這件事。[25]只不過，社會仍必須先有足夠的措施，讓人可以在夠好的條件下，為了獲得更好的獎勵做出適當的選擇，才能用缺乏意願來反駁當事人對於無法獲得某種福利的抱怨。[26]

至此，我終於釐清了機會開放這個概念。如果一個人不是在夠好的條件下決定要不要追求一份職涯，或是沒有機會進入發展該職涯所需能力必經的教育管道，並獲得他本該有的能力（此處應像前面的討論一樣，從體制面來理解「擁有能力」這件事），那麼就我們所討論的要求來說，這份職涯並沒有對他開放機會。接著，我們可以來討論「機會開放」與「平等」之間的關係了。

從機會開放的要求來理解，實質機會是要求實現某種平等，或是僅要求在某個條件上達到一定程度的滿足？目前看來，後者似乎比較有可能，因為機會開放只要求讓人們有**夠好**的教育能發展各自的才能，以及有**夠好**的條件可以選擇要發展什麼才能。而羅爾斯要求，擁有同等能力和同等意願去發展才能的人，無論出身於哪個社會階層，在爭取優越職位時都應該要有「同等機會」，可能會被解釋成要求人們得到夠好條件以發展才能的機會，不應受到出身的限制。[27]

但要有什麼樣的條件來發展才能才算是「夠好」？說起來，我們現在討論的正是由體制決定的能力，這些能力需要某些教育方式和其他條件才能有所發展。這代表的是，只要貧困家庭能像富裕家庭一樣，讓子女得到（從發展優越職位所需能力的角度來看）現行最好的學校教育，前者同樣能讓子女擁有修習大學課程或進入某種職業生涯所需的能力和特質。於是就學校教育來說，「夠好」的意思是「同樣好」（equally good）。

所以，經濟不平等可以從兩個方向妨礙機會開放。縱使每個人都有夠好的條件來決定要追求哪種職涯，也得到了最好的教育，出身家庭的經濟地位仍然有可能影響一個人成功的機會，因為比較富裕的的家庭可以藉由賄賂、人脈或其他方式操縱制度，影響優越職位選拔人才的程序。這可能意味著程序公平遭到違背。我稍後再來討論這種可能性。

家庭經濟地位的另一個影響，關係到機會開放的條件能實現到什麼程度。機會開放需要兩種條件。首先，需要讓所有孩子在孩童時期得到語言技能等認知能力發展所需的條件，以及自律和抱負等動機強烈的性格取向，因為若想在課業和往後人生中成功，這些都是必需。這些要求很難達成，但如我前面所說，達成這些要求最主要的障礙，其實是貧窮和家庭價值觀的差異，而非不平等本身。

然而，在中小學的教育階段，不平等仍是嚴重的問題。如果有錢人的小孩能進入的學校比貧窮小孩好太多，前者在日後競爭高等教育及後續職涯時，無疑所向披靡。如果窮人家的小孩當初能得到跟有錢人的小孩一樣的教育，就可以有同樣的實力競爭優越職位的話，讓他們因為沒能接受一樣的教育而失去這份競爭力，則違背機會開放的要求。（換句話說，這些孩子本來可以擁有體制需要的相關能力。）

只要改善公共教育，便可滿足機會開放在這部分的要求。但考量到成本，還有合格學校及教師的數量，真要達成恐怕不容易。除此之外，這可能會引起教育的軍備競賽：有錢的家長會讓子女參加更多先修課程並學習其他才藝，好讓他們更容易擠進高等教育的窄門。

因此，為了確保窮人家出身的小孩也有像樣的機會可以得到令人嚮往的職位，政府似乎必須不斷提升所有學童的教育水準和早期發展條件，以便追上富裕家庭提供給子女的資源，不然就是限制富裕家長能提供的教育優勢。這顯然是個兩難的困境，因為前者看起來非常困難，而後者又讓人無法接受。[28]

不過值得思考的是，在實現**程序**公平的路上，這份難處是否比人們普遍認知的還要多。我前面論證過，判斷優越職位合理與否的適當標準，取決於用什麼目標讓這些職位合理化，以及擔任該職位的人要做什麼來推動這些目標。為了便於討論，我們先假設這類職位的存在都有其合理性，而且遴選人才也是根據他們是否有（體制要求的）能力善盡職守。我們也假設在判斷人們是否有資格接受從事這些職務所需的教育時，是根據課程的組織方式來決定的；換句話說，適當準則是依據修習這些教育學程需要先具備哪些技能，而非課程提供了獲取哪些技能的機會。

有鑑於這樣的課程的目標及組織方式，一旦它選擇學生的依據有任何方面和推動目標所需的技能無關，就會違背程序公平。要是只有富人才有機會學到這些技能的話，我們會特別有理由反對這樣的違背程序公平；不過即便沒有經濟地位的問題牽涉其中，這種選才程序依然是不公平的。

如果某個技能（如運用某種程式語言）和某個教育學程有關，那麼預設合格的申請者都擁有這項技能，或是在學程中加入這項技能的訓練，都是可行的作法。假設關聯確實存在，而且申請的學生可以在學程中獲得這些訓練。然後再假設，如果我們比較接受過和沒有接受過這項訓練的申請者，有可能判斷出誰在課程中會表現比較好。也就是說，假設我們能夠根據體制所要求的能力，而非特定一種程式設計技能來評估申請者。這樣的話，要是我們可以預期一個尚未學過該技能的學生可以在學程中表現同樣良好，同時又學會該技能，卻優先考處已經學過的學生的話，即違背程序公平的要求。尤其（但不僅）是當出身寬裕家庭的申請者更有機會先習得這項技能時，違背的情節會格外嚴重。

接著繼續假設，有個學程原本會在正規課程中提供這項技能訓練，但現在為了撙節成本，學程將要求申請者先學會這項技能，等同於將這部分的訓練「外包」。如此一來，出身清寒的申請者將更難擠進窄門。因此，至少在提供這項訓練不會大幅降低效率的情形下，人們會有理由從公平的角度來反對這項決定。如果前述推論正確，從反方向來看也說得通：假設一個機構不必犧牲太多效率，就可以提供某項技能的訓練，卻以這個技能做為入門條件，而讓出身較差的申請者處於不利地位，人們便有理由反對這種作法。當然，教育學程應負擔多少成本，以避免讓某些有潛力的申請者陷入不公平的弱勢處境，這也是一個問題。在我看來，這和前面討論過的，一間機構應花多少精力來審查申請資料，才能讓申請者得到應有的關注，其實是同樣的問題。

以美國大學申請流程這個具體的例子來說。富有人家可以提供各種先修課程、出國學習外語、以及科學和其他科目的暑期課程，讓子女在申請大學時更具競爭力。根據我的論證，只要這些充實課程提供的技能可以在大學裡習得，把這些當作申請程序中的加分因素，即程序上的不公平。[29]但只要根據學生在既有基礎課程上的表現來評估便能消除，或者至少減輕這種程序上的不公平的話，即可避開前述兩難的其中一個面向：不必讓所有學生都得到大學預科訓練，也不必阻止家長提供這些資源。實際上，我們還可以鼓勵家長這麼做，因為學習額外技能對子女依然有好處，卻又不致使申請程序因此對他們比較有利。但要是沒有實現程序公平，那麼無論家長提供子女這些幫助有多少好處，都是在利用制度的缺陷。[30]

這種入學政策的影響之一，是資格相當的申請者人數可能會大幅增加。而我前面也曾指出，程序公平可能會讓我們需要用抽籤的方式來決定要選出哪些人。[31]富有的家長因而難以確保子女能取得精英機構的入場券，或許也能減少第三章論及的那種過度推崇某種成功的傾向，以及相信成功就該得到大量經濟優勢以做為回報的傾向。

提供所有人優質的基礎教育，以及在優越職位所需教育的甄選上實現程序公平，可以帶我們朝機會平等的社會邁出一大步。但單是如此仍不足以讓這個目標成真。許多孩子的早期童年依舊處在匱乏的條件之中，家庭的價值觀和偏好所帶來的阻礙也仍未解決。不過，至少減少了富有人家藉額外教育支出讓子女獲得的競爭優勢。而剩下的問題，主要是由貧窮和文化所造成，而非不平等。

總結以上對機會平等的道德剖析，我認為機會平等這個概念，其實是對不平等的三層辯護：

1. **體制合理化**：有合理的理由支持一個會產生這種不平等的體制存在。
2. **程序公平**：其他人獲得優勢的過程是透過公平的程序，而他卻控訴自己沒有該優勢。
3. **實質機會**：控訴者缺乏必要的資格或其他手段，因而無法在過程中有更好的表現，但這並未涉及任何不當。

我在第四章已論證過，依據功績或才能選任，也是程序公平的要求，是用不平等帶來的好處為其本身辯護時，必然會推論出的結果。而與此相關的才能，則是一個和體制息息相關的概念。這個概念指的是，基於優越職位的組織方式，出任該職位所必須具備的素質；因為只有具備這種素質，他們才能讓這些職位產生令其合理存在的好處。許多程序不公平從某方面來說，也同時是錯誤的歧視。只不過牽涉汙名化和排擠的歧視，比如種族和性別歧視，犯的是異於程序不公平的另一種錯誤。最後我也論證了，我自己對程序公平提供的體制性解釋，還需要加上「讓所有人都得到應有的關注」這一點才算完整。

在這一章，我提出了實質機會的要求有何道德基礎：社會體制必須對所有適用對象都有辦法證明其合理性。這種合理的可能性會要求，只要是社會成員有理由推崇的職涯，或者至少是有特別好處的職位，都必須對每個人開放。而機會開放則意味著，除了前述那種與體制相關的能力，沒有其他理由可以排除人們進入這些職涯。

我也論證了只有在條件夠好的情況下，個人的選擇才有相關的道德意義。此處所說的條件，不同於我們以責任當作道德評斷的前提，用來要求一個人對自己的選擇負起責任時所需要的條件。把這兩種責任混為一談，導致了人們對機會平等產生了泛道德化的錯誤理解。

要給予人們夠好的條件，讓他們在選擇追求任何職涯時，能在道德上有意義的重要選擇，其難處不在於不平等，而在於貧窮和家庭價值觀的差異。然而，以目前的條件來說，不平等確實造成了威脅，社會因而難以根據個人是否擁有體制需要的才能，而非他們所處的社會環境來決定其出路，因為富人總是比其他人更能提供子女資源。似乎只有藉著消除不平等，或是限制富人提供給子女的資源，才能遏止這種不公平的競爭。但我指出，只要真的實現程序公平，並且從優越職位選才的準則中，去除那些對富人有利的非必要因素，那麼就算無法消除，至少也能減輕這些阻礙。如此一來，即使要靠公共教育讓每個人都有同樣的機會成功，社會為此投入的成本也能有個上限。然而實際上，經濟不平等仍嚴重威脅著實質機會的存在，這不只是因為富人可以給子女更好的教育，他們的政治影響力也妨礙著我們提供每個人夠好的公共教育。[32]

我在前一章的開頭提過，很多人提及「機會平等」都沒什麼好話，這個字眼被看作是在為不平等找藉口。但這些對機會平等的種種看法存在著諸多陷阱。接下來，我會再談談前面討論中找到的一些陷阱，以做為本章的結論。首先，務必謹記，即便機會平等真的實現了，也不能用來合理化不平等的分配結果，只能證明不平等其實在其他方面符合公義的必要條件。

其次，重要的是，如果機會平等實際上並未實現，我們就不該想像它已經實現了。我希望機會平等能像至今的討論一樣，成為一個非常嚴苛的要求。要實現程序公平非常困難，而且其實現程度往往不如人們所設想的那麼高。但機會平等需要更高度的程序公平，也要求每個人都得到實質機會。

最後一個重點，是避開前面提到的泛道德化。泛道德化指的並不是為自己努力工作感到開心和自豪，也不是在道德上讚許自己和他人的勤勞，或是不讚同其他不勤勞的人。這些感受都是人之常情。如果社會體制承諾獎勵辛勤工作的人，那麼努力追求這份獎勵的人，自然會覺得那些是自己應得的回報；只要體制本身合理，這樣的感受都很正當。所謂的泛道德化，是相信這些體制合理，並且**單是因為**可以在道德上批評窮人不夠努力奮鬥，就認為他們對體制的抱怨是不合理的。這非常不對也太過泛道德化，因為這顯然藉由過度關注弱勢者的道德缺陷是真是假，而忽略了真正關鍵的問題：這些人的處境是否好到足夠他們發展自身才能，以及決定是否要這麼做。

泛道德化對人的心理有著強烈的吸引力，因此在政治上也有舉足輕重的影響力。人們都渴望相信自己在道德上對得起自己掙來的一切，也希望盡量保留自己的努力所得。「自己賺取收入的體制和程序不公不義，沒有提供其他人夠好的競爭條件」，以及「我應該繳更多稅來糾正這種不正義」，這兩個觀念都威脅到這種心理需求的利益。泛道德化讓人有機會逃避這些結論，守住自己正正當當賺到一切的信念，不必想到手中的一切都有賴他人的犧牲。指出這種思想在哲學上所犯的錯誤，或許無法減少它無所不在的吸引力，但仍然值得一試。

## 注釋

1. 不過仍有些人反對實質的機會平等。海耶克便是其中一個堅定反對者，雖然他也接受較弱版本的機會平等；在他的理解中，這種機會平等意味著沒有歧視以及「對有才能者開放職涯」的政策。例如，他曾在著作裡寫道，有鑑於兩者都是從父母繼承而來，家庭財富差異對子女造成的前途差異，並沒有比遺傳天賦造成的前途差異更應該被反對（《The Constitution of Liberty》，頁94）。他的想法可能是，這兩者都不是個人能夠掌控的因素，因此相較於財富，才能並不算是孩子自己的功勞。而我在第四章已經解釋過，為什麼給予有「才能」的人更多獎勵，不必先假設他們配得上這些獎勵，或是假設他們可以把擁有能力「說成是自己的功勞」。諾齊克也反對較強版本的機會平等（《Anarchy, State and Utopia》，頁235–9）。思及他認為，光從「不平等肇因於個人行使財產權時的選擇」，便足以讓不平等變得合理，這也就沒什麼好意外的。

2. 米爾頓・傅利曼為「技職與專業教育」（vocational and professional schooling）提供了這種論點。他認為中小學教育支出的合理性，在於讓社會讓得到一群「受過良好教育的公民」。詳情請見《Capitalism and Freedom》第六章。這當然是投資公共教育的好理由，只不過不是唯一的理由。

3. 《A Theory of Justice》，頁73。

4. 《Rules for a Fair Game: Contractarian Notes on Distributive Justice》。布坎南進一步寫道：「如果要正確解釋『機會平等』，即便只是一種理想，也必須定義為：無論是任何『比賽』，對參賽者而言，都是最適合參與其中的情況，『機會平等』意味著參賽者產出價值的能力沒什麼根本差異，或是這種差異小到不可測量。」（頁132）。

5. 見Atkinson的《Inequality: What can be Done?》，頁169–72，以及Ackerman和Alstott的《The Stakeholder Society》。兩本書都將這個想法歸功於湯瑪斯・潘恩（Thomas Paine）的《Agrarian Justice》。創業成就得到的重視愈多，這種措施的效果會愈顯著。約翰・托馬西（John Tomasi）就認為，羅爾斯等理論家都不夠重視這一類的機會。這部分可以參見《Free Market Fairness》，頁66，78，183。但托馬西的回應方式，卻是用憲法保障經濟自由，而非推出保障措施讓這些能力派上用場。

6. 海耶克似乎一直以結果論為主，他也是從結果論的角度（他稱之為「權宜」）來為自由市場辯護；不過他也表示，自己同樣「把個人自由的價值視作毋庸置疑的倫理前提」。詳見《The Constitution of Liberty》，頁6。

7. 布坎南該文的副標題是「Contractarian Notes on Distributive Justice」。此外，在〈A Hobbesian Interpretation of the Rawlsian Difference Principle〉中，他也說自己和羅爾斯「都同樣以準康德式（quasi-Kantian）的契約論觀念，而非邊沁式（Benthamite）的功利主義觀念為前提。」（頁22）。

此外，他在跟理查．馬斯格雷夫（Richard Musgrave）合著的《Public Finance and Public Choice》中也評論到，兩人「基本上」都是契約論者，以及「我完全不同意自己是功利主義者。」關於布坎南和羅爾斯兩人長年來以書信往來的學術討論，請見Sandra J. Peart與David M. Levy編的《The Street Porter and the Philosopher》，頁397–416。

8. 關於體制對於接受該體制的人，需要哪些正當理由，則有各種不同的看法。我的看法是，某些人有理由反對道德與正義原則為自己帶來負擔，其他人則有理由反對不會帶來這些負擔的替代方案；比較兩種理由的力道後，便能決定要使用什麼樣的道德與正義原則。（請見《What we Owe to Each Other》第四、五章）布坎南對於合理性的看法或許欠缺這種明顯的比較性特徵，但它的基礎是個人有理由反對這些原則，因為這些原則都會影響到他們的利益。（請見注釋7中引用的布坎南著作。）反之，傑拉德．高斯（Gerald Gaus）認為，除非在某些生活層面上，比起完全沒有規範，每個公民都有足夠的理由同意施行體制或政策，該體制或政策才會合理。他這裡說的相關理由，是基於每個公民實際的規範性觀念，包括他們對道德和正義的實際看法——無論內容為何。有些公民可能認為，自己只應被要求對他人遵守最低限度的道德，這麼一來就會得出國家必須，甚至只能提供最低程度資源的結論，因為高斯所要求的全體同意，會促使公民否決所有任何稍高的要求。（請見《The Order of Public Reason》第六章，頁363–6）。

9. 喬治．沙爾（George Sher）在《Equality for Inegalitarians》一書中所捍衛的要求，其範圍更寬了。

他寫到（頁157）：「國家有義務讓每個公民能夠真正活出自己的可能性」，而這裡的「真正活出」是指「求取人們真的有理由追求的目標、構想並採行完成這些目標所需的計畫，並以有效且靈活的方式執行這些計畫。」而且如他的用詞，這些要求是非比較性的，且根據目標和能力不同，每個人所需要的資源也大不相同。這其中包含著我在第二章說的「平等關懷的要求」的平等元素。正如沙爾所說，「我們在道德上是平等的，意味著我們的利益是同等重要的（頁94）。」

10. 諾曼・丹尼爾（Norman Daniels）顯然是用了比較廣泛的概念。他主張，機會平等會要求醫療成為機會公平均等的必要條件。他認為，我們有必要讓治療疾病的管道變得容易取得，因為疾病「會讓一個人變得更難得到社會上原本可以正常獲取的機會。」他說的「可以正常獲取的機會」，指的是基於社會的「歷史發展階段、物質財富水準和科技發展」，「有理智的人會為自己規畫的那些『人生計畫』」。（《Fair Equality of Opportunity and Decent Minimums》，頁107）。

11. 羅爾斯認為，有些事情暗示著這種比較廣泛的要求確有道理。舉例來說：「每個有相近動機和付出相近努力的人，都應該得到大致相等的文化和成就前途。對於那些擁有相同能力與志向的人，我們的期望不應受他們的社會階級所影響。」（《A Theory of Justice》，頁63）。如果對於「文化和成就」的認可亦算是羅爾斯所說的社會基本益品（primary social good）中的「自尊的社會指標」（social indicia of self-respect），便可貼近這兩種基本理念之間的落差。但以這種方式承認的不平等，不會具備（或者說，我認為不需要）前面假設的那種體制合理性，然而關於其他社會基本益品，諸如收入、財富以及「權利和辦公室特權」的不平等，仍然需要體制上的合理性。

12. 約瑟夫·費希金（Joseph Fishkin）在《Bottlenecks》中提出了這個問題，尤其是第二章。我從費希金的討論中受惠良多。

13. 費希金強烈主張，世上不存在這樣的概念。詳情請見《Bottlenecks》第二章。這點也同樣適用於「失能」（disability）這個概念。從有道德意義的角度來說，如果擁有某項特徵的人會比較沒有能力在社會上以他們有理由想要的方式過生活，這種特徵就算是某種失能。或許有一些這樣的失能並非關乎體制，而是關乎它存在的社會的性質，比如「缺少該物種的正常功能」這類失能。但我會說這種失能的概念在道德上沒什麼重要性。當有人欠缺人類的典型特質，除非這件事以某種方式妨礙了他有理由在乎的事情，否則在道德上就沒什麼重要性。鑑於失能和體制與社會息息相關的特性，只要我們改變社會，讓重要的角色不再需要和某種失能有關的特質，或是讓個體能夠免於遭受這種失能，原則上就有可能防止這種失能造成機會不平等。

14. 父母的經濟階級和他們會教導子女什麼樣的態度，當然不是毫無關聯。關於中產階級家庭養育子女的策略，和勞動階級及貧困家庭的作法間的差異，會導致兒童的優勢出現什麼差別，請見Annette Lareau的《Unequal Childhoods》。

15. 羅爾斯提到「努力的意願」有賴於「幸福的家庭和社會環境」這一段落很有代表性。請見《A

Theory of Justice》，頁64。

16. 塞繆爾・舍夫勒（Samuel Scheffler）在《Choice, Circumstance, and the Value of Equality》，頁220以及之後幾頁指出這一點。

17. 我會在第八章反駁這種訴諸應得與否的論調。

18. 我在《The Significance of Choice》，以及《What we Owe to Each Other》第六章中，對這種闡述提出了更完整的解釋。

19. 之所以說是部分的合理性，是因為產生這種不平等的體制也必須要合理——滿足三層辯護中的第一層。

20. 沙爾「所有公民都要能有效生活」的這個要求，也包含著對「意願」類似、甚至更堅定的概念。他要求，公民應該要能處在良好的條件中，決定追求任何目標（《Equality for Inegalitarians》，頁157），並且為了「避免底層人民嘗試不合理的決定，政府應該讓每個人都能得到一系列的資源和機會，讓他只要願意嘗試，就有合理的機會能夠成功。」（頁150）。

21. 更進一步的討論請見我的《Responsibility and the Value of Choice》。選擇這件事在我提供的闡述中扮演的角色，和機運平等主義的觀點截然不同，後者認為如果社會是因為每個人自己的實際選擇而悖離了平等，這種悖離就有了合理性。對於機運平等主義的批評，請見沙爾的《Equality for Inegalitarians》，頁29–34。

22. 例如諾齊克的指控。請見《Anarchy, State, and Utopia》，頁214。

23. 提出這點的是費希金，他強調機會平等的條件（他稱之為「機會多元」〔opportunity pluralism〕）代表社會中存在各式各樣的價值觀。請見《Bottlenecks》，頁132－7。乍看之下令人吃驚，因為一個令人嚮往的多元社會，似乎和機會公平的概念距離很遠。而前面對羅爾斯所言「意願」這個條件的詮釋，正解釋了多元和公平之間為什麼有關。

24. 費希金也暗示過類似的觀念。請見《Bottlenecks》，頁31。

25. 我在第八章會從另一個方向來討論，為何努力有可能合理化更高的報酬。

26. 以「選擇的價值」來分析「嘗試意願」的重要性，也解釋了費希金對「起跑柵門」（starting gate）制度的反對，他稱這種制度「大考社會」（big test society），因為在這種制度下，學生在年紀很小的時候，便會依學業表現進入不同的教育和職涯軌道，而且沒有回頭的機會。但是大多數孩童在這種年紀，都沒有夠好的條件來做出重要的人生抉擇。詳見Fishkin《Bottlenecks》，頁66－74。

27. 他還寫道：「每個有相近動機和付出相近努力的人，都應該得到大致相等的文化和成就前景。對於那些擁有相同能力和志向的人，我們的期望不應受他們的社會階級所影響。」（《A Theory of Justice》，頁63）。

28. 海耶克反對機會平等的理由之一，是因為機會平等會要求採取這種措施。請見《The Constitution of Liberty》，頁91－3。

29. 在勞動雇用上，這種不公平的例子包括實際上跟職務無關的能力測驗，以及優先考慮已透過無薪實習得到經驗的求職者，其中，後者往往是有錢的求職者才能負擔得起。

30. 這和內格爾在《Equality and Partiality》第十章提出的觀點相呼應。內格爾觀察到，父母為子女提供資源的動機和能力，會在兩個方向成為不平等的來源。在家裡，父母能靠著教學、輔導和協助養成好習慣，多少讓子女能有更好的前途。在外，他們亦積極的利用人脈和其他手段玩弄體制，為子女在求取優越職位的過程中有更好的表現。他認為，後者對平等的威脅可以藉由規範來約束，禁止父母利用這些手段為子女尋求優勢。但社會的運作仍仰賴父母對子女的付出。所以社會還是需要鼓勵，而非為了促進平等而限制或打擊這些付出。

而我所指出的程序公平和實質機會這兩件事各自的功用，和內格爾描述的觀點有著些許差別。如果能實現程序公平，我們就沒有理由妨礙父母為子女的教育和發展盡心盡力。但如果無法實現，而父母額外提供的訓練課程和鍍金經歷，又會對選才程序造成不恰當的影響，那麼提供子女這些福利會妨礙到程序公平，讓社會需要阻止父母嘗試藉由自己的「人脈」為子女爭取優勢。

31. 喬恩．愛爾斯特（Jon Elster）指出，很多社會都會靠抽籤來分配這類稀缺財（scarce good）。見《Local Justice》。

32. 正如我在第二章的討論，而在第六章我們會再一次討論。

# 第六章　政治公平

對很多人來說，經濟不平等對民主有害是再明顯不過的事實。馬丁・季倫斯*最近一份研究顯然也支持這個觀點。他的研究顯示，貧窮和富有公民彼此偏好分歧，而政治結果向來和（頂端百分之十）富人的偏好強烈相關，和（底層百分之十）窮人的偏好完全無關。[1]根據他的說法，中間收入者的偏好對政治的影響力則無異於底層窮人。他認為跟這些影響力差異有關的，主要是經濟地位，而非教育水準。

賴瑞・巴特爾†的研究亦有類似的發現。他研究了九〇年代三屆參議員在最低工資、公民權利和預算分配等議題上的表決，發現表決結果和高收入選民的觀點之間，存在的強烈關聯，更甚於中等收入選民，至於和低收入選民的觀點則是全然無關。[2]他認為，這不能從窮人比富人較少有機會參與表決或接觸民意代表的傾向來解釋。在這些分析中，所謂的富人不僅僅是頂端百分之十的人。季倫斯所涵蓋的是頂端百分之十，而巴特爾則是將二〇〇六年收入在六萬美元以上的人列為高收入戶。

---

* 編注：馬丁・季倫斯（Martin Gilens），普林斯敦大學政治學教授，主要研究公共政策中的不平等。著有《Affluence & Influence: Economic Inequality and Political Power in America》等書。

† 編注：賴瑞・巴特爾（Larry Bartels），美國凡德比大學公共政策與社會科學系教授，鑽研公共政策、選舉政治等領域，著有《Unequal Democracy: The Political Economy of the New Gilded Age》等書。

我在本章所關注的重點是這個規範性問題：若事情確實如季倫斯和巴特爾所描述的，那我們有什麼理由反對？政治體制要求的究竟是什麼樣的公平，而經濟不平等又會如何妨礙這種公平？

有一種理所當然的回應是，季倫斯和巴特爾的發現，顯示出富人對政治結果的影響力高於窮人。羅爾斯也發表過類似觀點。他眼中的「福利國家資本主義」（welfare state capitalism），在他看來是種不公不義的政經制度，因為這種制度無法防止「少數人操控社會的經濟，並間接控制政治生活（political life）。」[3] 雖然他也指出，收入和財富的不平等可能會導致「下層階級失去信心和希望」，因此「感到自己被拋棄、無法參與公眾政治文化」，不過羅爾斯主要的反對理由，並不是福利國家式資本主義社會的公民比其他社會的公民更具有不投票及不參與政治的傾向。[4] 他更在乎的是這種制度允許了某種程度的不平等，這將導致貧窮公民的政治行動「貶值」（undermines the "worth"）。他說：「無論社經地位如何，所有公民的政治自由都必須近乎等值，或者至少在意義上要充分平等，每個人享有公平的機會可以擔任公職，並影響政治決策的結果。」[5]

相較於富人，若窮人的觀點或利益更不容易反映在政治結果上的話，便意味著政治制度可能出了一些差錯。但我認為，我們不能止於將這些差錯恰如其分的理解為影響力差異的問題，也有必要區分這些差錯的不同之處。接下來，我的目的便是要指出這些不同的差錯，並思考經濟不平等是如何導致這些差錯的。

羅爾斯提到，「政治自由的公平價值」*（fair value of political liberties）的概念，跟他對「經濟機會公平均等」的看法很接近，有時他陳述前者的方式，更是清楚強調了兩者的相似之處。例如他曾說過，當「天賦和動機相近的公民，無關乎經濟條件和社會階級，都會有大致平等的機會去影響政府的政策，以及取得權威性的地位」之際，便是實現了政治自由的公平價值[6]。在我之後的探索中，會發現這和機會公平均等的相似性並非完美無瑕。不過要藉由第四、五章對經濟機會平等的分析，來探究政治公平的概念的話，這是一個很有用的起點。

在前面兩章，我區分了機會平等的程序面和實質面。程序面包括定義優越職位並決定隨附權力及獎勵的體制。如果這些體制能夠有合理的理由，並且確實依據這些理由所要求的方式運作，便是達到程序上的公平。這些體制之所以可以合理地定義優越職位，是因為由符合

* 譯注：羅爾斯認為，政治自由是基本自由的一部分，其重點在於每個人無論貧富，都應該有相近的權利和動機去影響政治和爭取公職。

資格的人擔任這些職位，而篩選機制確實根據對的能力資格選才，由此帶來了有益的結果。然而即便這種會產生不平等的體制有效運作，仍然必須讓每個人都有機會爭取優越職位，才有機會變得合理。這就需要其他背景條件，如發展相關能力所需的教育途徑。我稱這些背景條件為「實質機會的要求」。

有鑑於前述原因，經濟不平等會從兩個方向的其中之一阻礙經濟機會平等。富人有辦法設定一欠缺合理性、只對他們有利的優越職位，或是即便職位有合理性，富人也可以不正當的手段影響篩選程序，圖利自己或子女，由此便足以妨礙程序平等。窮人若失去進入學校的管道以及和富有的候選人競爭優越職位所需的其他條件，由此不平等便足以防礙實質機會。

政治公平需要運作良好的體制和適當的背景條件，兩者缺一不可。但在政治公平這件事上，兩個要求之間的關係以及其各自的理由，都和經濟上的機會平等大相逕庭。在政治公平這方面，體制的意義是它創造了擁有特別權力的優越職位，同時定義了要用什麼機制來篩選任職的人。但這些體制同時也是做出權威性政治決策（authoritative political decision）、制定法律及政策且要求公民接受並遵守的機制。這是一體兩面的事，因為由體制所定義、授予優越職位所附帶的權力，包括了做出這些決策——通過法律、司法裁決並樹立行政規範——的權力。

而在經濟機會平等這方面，優越職位之所以合理，是因為一旦出任者適才適所，如我所言，就會帶來更好的結果。這同樣適用於某些由政治體制設立的職位，如法官或聯邦準備委員會成員。所以這些職位應該用指派，而非民選產生，可惜的是，美國很多法官都是經由後者產生的*。

至於議員、市長或總統等職位，則是另一回事了。這些職位隨附的權力之所以合理，不只是因為適才適任可以產生良好的影響，同樣重要的是，行使這些權力的人都是經由民主選舉產生的。因此讓這些人行使權力，其實是一種我們治理自己、集體決議要做什麼的方式——包括要興建哪些道路、提供什麼樣的學校教育和社會福利，以及用什麼方式為這些決策買單。[7]

這些權力的合理性仰賴幾件不同的事物。首先，它仰賴選出適任者的程序結構，還有他們行使權力做出權威性決策的程序。如果要能夠授予當選的公職人員正當性，選舉的形式一定要正確。舉例來說，如果把某些公民排除於選民之外，或是用偏袒政黨、不公正的選區

* 譯注：美國聯邦法院的法官由總統指派並經國會同意產生。但各州的州法院體系則各有不同的遴選辦法，其中有三十八個州的法官至少有一部分是由民選產生。

劃分（partisan gerrymandering）稀釋他們的選票，或者將某些候選人逐出選民的考量範圍之外，那麼公職人員的正當性就會受損。然而，即使是公平選舉，能授予的權力也是有限的。因此合理的體制必須用適當的方式，如保障公民權利，來限制公職人員的權力。

縱使政治體制的架構有著公平的程序，其授予的權力仍然要有適當的實質背景條件。如果某些公民雖有投票和參與政治的權利，卻因為負擔不起競選公職的途徑，或無法加入公眾論壇的話，選舉賦予正當性的效力也會受損。

我之後會回來討論政治體制合理性的條件，以及不平等會如何損害其合理性。而我現在要先著眼於它和經濟機會平等的合理性架構之間有何差異。就經濟上的機會平等來說，雖然優越職位對擔任者的好處也包括了自我實踐的機會，但這些職位之所以合理，主要是因為其產出的好處，而非它給擔任者的機會。相反地，政治體制則是合理的集體自治（collective self-government）機制。

這造成了我們在討論政治體制時，體制的合理性和公民能參與其中所需要的背景條件之間，存在著和討論經濟機會平等時不一樣的關係。在經濟領域，程序公平的標準有著「從上而下」，或者說是體制性的基本理由：經濟體制在選擇由誰擔任優越職位時，是依據個人是否擁有足夠的資質，以便有效發揮這些職位的存在意義。但這個基本理由不需要延伸到對於實質機會的要求上。如果富裕人家能提供夠多符合資格的候選人來擔任這些職位，則沒有體制上的理由得確保其他人也有獲取資格的機會。要求實質機會的是另一種「由下而上」的基本理由，立基於「制度不能排除任何人」這個主張之上。而當我們討論到政治體制，事情就不太一樣了。政治體制如果缺乏適當的背景條件，意味著眾多公民無法有效運用自己的政治權利，那麼就不是適當的民主自治機制。因此政治體制不只是在結構上要求公平，而且這份要求的合理性，也可以延伸成我們有合理的理由，將參與政治體制所需的背景條件提供給個人。

政治上的公平和經濟機會的平等還有兩個更進一步的差異值得一提。一是廣泛的立法權允許政治體治調整自身正當性所依據的條件。政治體制不但可以改變本身的程序，如立法重劃選區，亦可維持或中止教育管道和參政途徑等必要的背景條件。第二個特徵也是人們重視投票權和其他參政權的理由，因為這些權利，可以促使必要的背景條件更為完善，政治體制運作的方式也因此更讓人有好理由支持。

闡述了經濟機會的平等和政治公平之間的差異後，我再來討論我們該如何理解政治公平的要求。前面引用過羅爾斯的段落，他似乎暗示，要理解個人的政治自由，其出發點應從個人有多少機會成功運用這些自由以達目的。我的質疑是，這是否是對於政治公平的最佳解讀。要釐清這份質疑，首要任務是區分羅爾斯筆下的兩種所謂成功，各自包含了哪些情況，而這兩種成功分別是「取得權威性的地位」和「影響政府的政策」。

羅爾斯討論的優越職位，大概同時涵蓋了法官這種需要根據實質準則遴選適任者的職位，以及民選官員這種以適當程序投票選出的職位。雖然有些候選人可能比其他人更有資格擔任公職，但由選民決定哪個候選人更好，也是民主選舉的一部分。選民有時會做出很糟的決定，一如我們之後會看到的。但光是因為多數人無論明智與否的偏好某些候選人，以致另一些人不太可能當選，並不足以認定政治體制的公平性已遭受質疑。

也就是說，在民選官員的例子裡，公平所要求的內容，並不能以人們有沒有機會取得成功——確實擔任公職——來定義。成功當選關乎說服其他人投票給某個人，這極其仰賴他們實質上的回應。因為政見太差而無法說服其他公民支持，或是因為選民心態封閉、不理性，以至於我們發表無可挑剔的政見時，他們無法接受，這兩種狀況都跟政治程序不公平無關。將「成功機會」當成公平的準則就會有這種問題，不過這個問題並不是專門針對平等而來。基於同樣的理由，政治上的公平也不需要讓所有可能的候選人都有「**充足的**成功機會」。這幾點也適用於羅爾斯所提的「影響政府的政策」，至少在人們以投票的方式發揮這種影響力時確實如此。

約書亞・柯恩*（Joshua Cohen）便注意到了這件事，並指出政治公平所需要的，並不是在影響政策時有平等的成功機會，而是有平等的**機會**獲致政治影響力。[8]根據這個說法，可以主張一個人成功當選公職或影響政策的機會，不應由他的經濟和社會階級決定。但「成功機會」怎麼解釋，又會有很大的差別。如果有錢人做這些事，成功的機會大得多，是因為多數選民特別敬仰有錢人、信賴他們的判斷，那麼這並不表示政治體制不夠公平——雖然這可能會透漏出選民的智慧，但這點我們姑且不論。然而，如果有錢人更有機會成功當選公職或影響政策，是因為大量財富使得他們更有餘裕參選，或是以支助他人的選舉等其他方式來參政，那這樣的政治體制則不夠平等。

由此我的結論是，柯恩對「政治影響力的機會平等」的看法，應該要理解成有平等的機會能獲取**手段**，在選舉程序中當選公職，以及更廣泛來說，影響政策。[9]比如說在公開說明會上，確保每個人有權使用麥克風的時間一樣長，雖然不能保障誰會比較容易成功，但應該能公平照顧到每個人的參與權利。

不過，這種解方需要仰賴特定情境中的特定現象：發言是在會議中影響他人意見的主要

---

* 編注：約書亞・柯恩（Joshua Cohen），美國加州大學柏克萊分校教授，專門研究政治哲學。

手段，而讓每個人的發言時間長短一致也是可行的。只是，若想在更大型的社會中發揮政治影響力，這些現象便不存在。沒有什麼可行又合理的辦法可以讓每個公民都有相同的時間關注每個人，連只是關注重要官員都不可能。除此之外，要讓他人知道自己的意見，也可以採取很多不同形式的行動——發言、出版、網路平台發表文章、寄信給政務官員，這還只是其中幾個方法而已。要保障每個人都能獲取「等量」的各種行動，根本不可行。

另一個主張則是，公平要求凡是公民，不分貧富都應該能獲取**充足的**手段來影響選舉過程。「充足的手段」或許可以定義成，有能力讓自己參選這件事被更廣大的群眾看見並納入考慮。這似乎可以從選舉賦予正當性的效力推導出來。因為如果選民不知道甲候選人的存在，或是無法得知甲候選人有哪些優點，那投票結果實際上就不能代表比起甲，選民更喜歡乙了。

只不過這種「充足」的概念實在太弱了。饒是幾乎所有選民都知道有個人加入了選舉、了解他的職位和哪些重要議題相關，也了解他宣稱自己有哪些優點，最後勝選的可能還是其他更常反覆宣傳、主宰主流公眾媒體上聲量的候選人。高曝光率和僅是「知道」，這其中一定有差別，這點從這麼多人願意花錢投入選戰（他們大概都知道自己在做什麼），以及美國贏得選舉的向來是花比較多錢的那方，都可以看得出來。[10]

所以，即使每個公民都能獲取**充足的**手段，以便宣揚自己的觀點和宣傳自己的選情，在我所定義最低限度的充足之下，比較有錢的公民仍有能力花更多錢、買到更大的機會成功影響選舉結果。[11]雖然要定義影響力的平等很難，但是看起來，有人可以花更多錢買到更好的手段，對政治結果造成這麼大的差異，顯然是我們應該反對的。或許要理解羅爾斯對「平等的成功機會」的評述，這或許是最好的途徑：他主張的成功機會（或然率）不只是字面上的，而是在主張獲取手段發揮政治影響力的管道；同時，富人有能力花更多錢參與選戰這件事，不應該讓他們對於誰當選，以及更普遍的政治結果，有著決定性的影響力。

這個反對理由說的，並不是應該在「議題」上理性說服選民來得到選舉結果，也不是在說，如果有人可以花更多錢不斷地宣傳自己，或是用其他非理性的方式來說服，選舉程序就會扭曲。基於這種看法，政治制度的某些特徵如果會損害審議環境，就有理由反對。但我們此刻談的並非如此。無論他們是靠著理性辯論，或是大量甚至全面的非理性話術競爭，只要能花更多錢打廣告便能取得決定性優勢，進而打贏選戰的話，這樣的制度應該被反對。[12]

只是，為什麼我們應該反對讓富人擁有這種優勢？理由可能是因為這代表比較沒有錢的公民會喪失影響選舉結果和政治決策的機會，最後，有錢的公民就能對誰會當選、哪些政策會出台，擁有不公平的高度影響力。但這個理由本身不夠讓人滿意。一些膠固（entrenched）

的少數派也會因為他們沒人喜歡的觀點，而沒有能力影響選舉結果，但這看起來並沒有那麼值得反對。這是因為其中也有兩個重要的差異。

第一是那些膠固少數派缺少影響力這件事，只是反映了全體選民的觀點，在一個多數決投票的制度下，這大概是不可避免的。（而這也是我前面提到富人擁會有的不公平優勢，因為很多選民都敬仰且信賴富人。）獲取影響他人能力的機會不公，造成了影響力的機會（opportunity for influence）差異；雖然要消除這種差異很難，但也不會跟多數決制度相斥，甚至有可能改建我們所用的制度。第二點則是，貧富分歧的意義其實非常廣泛。有些人在這個議題上是少數，但在另一個比較重要的議題，反而成了多數。（一旦不是如此，膠固的少數派會變得更麻煩。）但在提供重要、充分的公共教育需要多少稅收等這類貧富分歧明顯的議題上歸屬於輸掉選舉的那一方，則會影響到生活的各個面向。如果民選官員普遍比較有錢，他們大致上也會依自己的經驗和利益塑造政策。就算沒有受到其他人的影響力，他們也比較不容易注意到並回應貧窮公民的需求，因此更可能做不到平等關懷，也無法完成那些非比較性的義務。

季倫斯和巴特爾描述的現象，似乎顯示出影響力的機會不平等。[13]但在評估經濟不平等對政治體制公平的影響時，我們不應只著重在官員如何回應各種公民的偏好。我們也有其他理由反對不平等以各種方式影響政治體制的運作。

如同我前面提到的，政治體制中有很多標準，以限制民選政治代理人有權做哪些事。比如說，縱使在公平的相關選舉程序中得到多數支持，侵犯公民權利的法律仍然沒有正當性。立法者的職責有其規範，投票贊成這些法律就是在違背這些規範，而這些規範是一個具備合理性的制度所必須的。我們應該反對導致立法者違反規範的影響力，不過原因不是它不平等，而是因為它所決定的政策。只要立法行為有實質標準，這點可以通用於各種情況。而符合這種標準的情況，大致可分為三大類。

第一類是，各級政府有義務提供其公民特定福利，至少是某個底限的福利。這些包括了警察治安、防止誤判等，以及其他公眾服務如基礎教育、飲用水、鋪路及充分的衛生等。如果立法者或其他官員無法提供這些福利給某些公民，則得為此遭受批評。這不是因為官員沒有受到公眾中特定成員的觀點或偏好影響，而是因為對於這些公民利益的請求，他們沒有做出應有的回應。

第二類應該被反對的情況，是我在第二章提過的，官員在該福利的最低要求之上，持續提供更高級的福利給某些公民，卻忽略其他公民，又沒有這麼做的好理由。我們應該反對這種情況的理由，也不是因為它反映了不平等的影響力，而是因為這麼做等於把某些公民的利

**益**，看得比其他公民的利益更重要，於是違背了平等關懷的要求。

第三類應該反對的，則是像軍事政策相關決策，或是興建公共建設的合約等狀況。在這些情形中，立法者和其他官員有責任要以公益為考量的依歸，而非圖利特定一群公民。決策時若欠缺這些考量，而是把預算用在圖利特定個人或地區，我們就可以加以批評，因為決策沒有回應到切事的理由（relevant reason）。

這三大類情況對照我前面對「程序」穩健的定義，都可以從程序面上找到理由來反對。我們可以指控，由於官員們沒有回應到切事的理由，因此這種政治體制的運作方式不值得我們捍衛。由此，這些情況其實跟在程序面違背經濟機會平等，例如人事部門在雇用時，或是大學在招生時沒有選擇最適合的申請者等情況很類似。（相反地，如果不平等妨礙政治公平是因為有錢人更有機會影響選舉，則比較類似我在第四、五章所指稱的，侵犯實質機會。）

當此處討論的程序標準遭到違反，**影響力**的概念只會涉及這些事為什麼會發生，不能用來解釋為什麼我們要反對有人違反程序標準。有錢人可以捐贈政治獻金，施壓立法者採取有利於他們的政策，這跟前面談及經濟機會平等時，有錢父母為子女尋求特別關照一樣，都違背了程序公平。但無論立法者沒有回應切事的理由，是因為這種影響力、對族群的忠誠，或只是因為怠惰、漠不關心，我們反對他們這麼做的根本理由都是一樣的。要是原因是出於這種影響力，那反對的理由也不過是因為這導致立法者做決策的依據並不切事，而不是因為有人的影響力高過其他人。

季倫斯和巴特爾討論的諸多案例似乎都涉及了這類違反程序標準的情況。在季倫斯討論的政策問題中，牽涉違反標準的情況包括「提升最低工資、出兵海地、要求雇主提供健康保險、允許同性戀參軍等。」[14]巴特爾引用的參議院唱名表決資料，則是關於提升最低工資、《民權法案》（*Civil Rights Act*）是否應涵蓋就業歧視，以及將國防預算挪給窮人援助計畫等議題。[15]在這些例子裡，立法決策似乎都應該要符合特定的標準，其中也包括了對平等關懷的要求。

只是也有些政策問題並不適用我目前思索的這些實質標準。或者說，當政治決策應反映整體公民的偏好，所以也該受其影響時，若有某些人的偏好更受重視，這種狀況便是我們應該反對的。舉例來說，社會對於如何才能促進共同利益一定會有不同的見解，因此在以促進共同利益為基礎，決定哪個計畫合理的時候，立法者也應該要回應他們所代表的選民的觀點。從我目前討論的實質標準來說，我們應該反對的，是立法者支持圖利特定個體，而非能促進這種公共利益的政策。

同樣地，我在第二章也主張過，政府提供某些公共福利，如修整道路，可分成不同的層級，而不需遭到反對的理由。若高級住宅區或市長友人居住的區域更常進行道路整修，那這種政策則違背平等關懷。但也許，城裡的窮人會希望不要那麼頻繁的修整道路，因為可不用繳那麼多稅；而比較富裕的居民既然手頭寬裕，也會想要好一點的道路品質。要是議會成員因為自己比較有錢，或是在選舉時收了更多有錢人的獻金，而忽視貧窮公民的偏好，贊成增加修路預算的話，可能違背了回應公民偏好的要求；不過因為每個人都能用到相同等級的道路，就提供這項福利而言，這麼做並沒有違背平等關懷。

關於哪些決策屬於這種類型，則是代議倫理（the ethics of representation）的問題了——民意代表何時該「反映選民的信任」（trustee），做出自己認為的最佳判斷，何時又該「回應選民的託付」（delegate）為自己的選民喉舌。這問題不是我眼下所談的目的，我暫且放下。我現在的重點只有，如果立法者在應該「回應選民的託付」時，堅持忽視某些公民的偏好，這絕對是應該反對的，因為這如同我前面提到的另一個例子，這些官員沒有好好回應他們應該回應的理由——而且在這個例子裡，理由甚至是來自他自己的選民。在此，我們批評立法者的主要依據，是他們回應切事理由的方式有問題，而非選民沒有能力影響他們。

不過，公民也應該要有能力運用選票的力量保護自己，以免自己的利益被不公平地忽視。[16]紐約市市長約翰．林賽（John Lindsay）之所以在爭取共和黨連任提名時壯烈成仁，其中一個重要原因是一九六九年冬季暴雪時，政府沒為皇后區的居民確實鏟雪，以致這些居民氣憤難耐。雖然最後林賽以獨立候選人之姿險勝連任，但這一課無疑影響了繼任者和其他城市市長的想法。

如果有個族群的公民比其他族群更沒有機會影響政治結果，他們的生活無疑充滿風險，因為他們比較沒有辦法依賴政治來保護自己。而皇后區居民所運用的影響力是正當或是過當，仍要取決於他們用選票的力量來要求的內容，是公正或是特殊的待遇；他們與其他城區的居民能選擇運用的影響力有多少差距，跟這件事並沒有關聯。也許有些人會期望，如果每個人都有平等的機會獲致政治影響力，那麼各種影響能力最後會平衡，達到均衡的結果。但事實未必如此。即便每個人都有平等的機會可以影響政治結果，也無法保證不會有人受到傷害，因為政府可能會違背平等關懷的要求，或是違反提供特定的義務，如充分教育管道等。

第二章學校資金的例子便顯示了這一點。當時我提到紐澤西州議會，以及最近的堪薩斯州議會都拒絕依憲法撥經費維持貧困學區的教育水準。這些案例牽涉到的程序過失，也包括我討論過的未能滿足非比較性的義務：提供充分的學校教育以及遵守平等關懷的規範。另外，這些例子顯然也迫使窮人無力運用政治權力保護自己，以免於遭受這種不公不義的對待，這種事甚至持續了很長一段時間[17]。這種無力可能是因為選區劃分偏袒特定政黨等選舉制度中的不公平，以及紐澤西州長濫用否決權[18]。但既然無論在哪裡人們都反對增稅，就算貧窮選區的居民獲得政治影響力的機會並未少於其他族群，也很可能無力保護自己免於這種不公的對待。要保護他們，我們仍需要做得更多。由司法機關釋憲提出要求是最顯而易見的可能之一，可惜紐澤西的案例讓我們看見這項策略的局限。

這個案例顯示出，除了選舉程序不公平以外，不平等也會以其他方式干擾政治體制運作。如果窮人需要某些額外的重要公共服務，而很多人有錢到根本不需要的話，要確保每個人都得到充分的政治支持便有其難度。因此，雖然欠缺平等機會獲取影響力可能會讓一個族群遭受不公待遇，但要保護自己不受這種待遇，也需要其他基礎，而非只是在影響力方面擁有機會平等。

我前面論證過，政治體制要妥善運作，官員不能只有選區服務，而是要遵守該有的標準，如平等關懷的要求。人們得以反對政治影響力，不只是因為此政治影響力所帶來的影響，更甚於其他人有機會行使所帶來的影響，而是因為它會誘使官員違背這些標準。學校經費的例子即顯示出，這點同樣適用於一般選民。包括平等關懷在內，人民代表（the office of citizen）也有該遵守的標準，除非所有人都依循標準行使自己身為代表的權力（powers of office），否則，徒有平等投票權，甚至有平等機會獲致政治影響力，政治體制依然無法有效運作。

接下來，我將更仔細檢視經濟不平等如何左右公民影響政治結果的各種機會。此處要考量的，不只是公民能用以影響政治結果的手段，如自己參選或是捐錢給其他候選人，還要考量他們要有哪些條件，才能善用這些手段。這些因素都會影響羅爾斯所謂「政治自由的『價值』（value or worth）」。

以投票權為例，我們輕易便能舉出一些讓這項權利發揮完整價值所需的背景條件。第一個，是理解並清楚思考政治問題的教育。而且重點是**充足的優質**教育，而非平等的教育，這一點比我們討論經濟機會平等時更是顯而易見。因此最直接威脅選舉的並非不平等本身，而是貧窮，以及免費公共教育不夠充分。不平等主要的威脅在於，有錢的社會成員比較沒有意願出錢為所有人獲得良好的公共教育——一如前面我討論的紐澤西教育經費。

第二個是，投票權的價值取決於人們是否有管道獲得資訊，並根據資訊決定要如何投票。由於領取選票的核心意義，正是表達自己對政府政策和官員表現的判斷，所以對投票權來說最重要的資訊之一，無疑是政府實際上做了什麼，以及各種政策可能會造成什麼後果。在一複雜的大型社會裡，個人沒有能力蒐集這些資訊，而是要依賴各種機構如大學和智庫等，但最重要的，是要有自由的出版和公共媒體來傳播資訊。

如果政府有太多合法權力可以管制人民的的言論和出版，便會威脅到投票權的價值。不過，縱使政府沒有管制資訊流動的合法權力，一旦政府控制了唯一能有效大肆傳播資訊的報紙、廣播公司或其他機構，同樣會威脅到投票權的價值。當然，公營（government-owned）媒體是有可能持開放且不帶偏見立場。英國廣播公司（ＢＢＣ）多年來的表現顯然和私營媒體公司一樣優秀。但這完全仰賴政府能否自我約束的傳統，以及新聞專業文化是否健全，只是這兩者人們也都別想指望，因為保留控制資訊的權力並保護自己不受批評，對政府官員是莫大的利益。所以，政府擁有傳播工具，是一場風險非常高的賭注。

只是，萬一國內的傳播工具都被同一個人，或是同一個聯盟收為己有，也會造成同樣的威脅。當然，私營業主也有可能開放且不帶偏見，公民也能得到需要的資訊，但可能性不高。私營業主或許沒有和官員一樣的動機為政府塗脂抹粉。但他們仍有自身重要的經濟和政治利益，也有極為充分的理由要保護這些利益。由於這種威脅的根本，在於這些主體代表的利益和大眾不同，卻掌控了主要的傳播機構，因此當這些機構為一群共享特定經濟利益的業主所把持，事態就會更加危險。到了這些業主會為市場占有率競爭之際，他們至少還有一點彼此區隔的誘因。可惜隨著其中最有錢的和社會漸行漸遠，這些人便開始有了共通的重大利益。這是經濟不平等損害政治自由的一大途徑，而在這個例子裡，受損的是投票的權利。然而，真正的問題並不在於分配不平等本身，而是在於不平等的財富可以轉換成特定類型的權力。可惜我們也知道，要阻止這種轉換太難了。

為了決定怎麼投票，公民不只需要得到資訊，也需要知道其他可能去投票的人有什麼意見和意圖。了解他人的想法，對於做出自己的決定極其重要，而且我們也需要了解他人怎麼想，才能知道如何協調彼此的行動。皇后區居民如果不樂見積雪未鏟乾淨，可以有效地團結起來，畢竟他們都是鄰居。但在大型社會裡，利益共通的公民需要其他溝通方式，幫助他們理解彼此的想法和意圖，並協調彼此的行動，提出關於如何投票的一致立場。政黨和其他利益團體正是這些溝通方式的重要途徑。因此，協助這些組織成立的法律和其他條件可以提升投票權的價值，而妨礙的法律及政策則會損害投票權的價值。

接著我來談談針對政治問題發表言論的權利，以及競選公職的權利，因為這兩者也是重要的參政手段。這些權利的價值，在於它們能以有效的方式吸引更多人注意到自己的想法或是候選人的身分。不平等對這些價值會有什麼妨礙，前面已經討論過了：有錢人掌握了主要的發聲手段、窮人負擔不起這些手段，或是有錢人買得起更多，大可用訊息海淹沒窮人的聲量，以致無法被有效聽到。

能夠緩和這些影響的策略很多，包括限制媒體公司的所有權規模以增加競爭、設立公共媒體以減少獲取資訊的成本、公費資助競選、限制有錢候選人能夠運用的經費。我無法在此探索關於這個主題的大量經驗文獻，不過，我觀察到，要在高度的經濟不平等下緩解這個問題，已被證實非常困難。[19]

獲取表達手段的管道一旦不平等，會威脅到言論權和參選權的價值，連帶著也會威脅到投票權的價值。要是只有富人才能自由取得主要的公開表達手段，代表著貧窮的公民在政治上、在社會的文化生活上，都得不到他們有理由想要的角色。但其他人也有理由反對表達手段被富人寡占的後果。公眾討論（public discourse）中的觀點愈發狹隘，人們只能在更不利的條件下決定要支持什麼政策，從而損害投票權對每個人的價值。所以，若僅憑政治結果有多符合貧富公民的偏好，並將這些偏好當成既定事實來分析，進而從中理解不平等對政治公平可能有什麼影響，這種作法可能太過狹隘了。

從這裡可以看出，各種政治自由的「價值」是如何相互影響的。一個人要能夠取得相關資訊和他人的觀點，投票權對他才有價值，而取得這些資訊又需仰賴新聞和出版自由，以及他人的言論自由——確切來說，不只是仰賴新聞和出版品，不只是仰賴其他擁有這些權利的個人，也不只是仰賴他們擁有運用這些權利的手段，還需要他們**確實做到**。任何體制都無法保證最後一點，但體制仍有辦法讓它變得困難或是容易一點。從這方面來看，政策是鼓勵或妨礙人們成立政黨和其他推動政治參與的組織，顯得格外重要了。

有鑑於政治自由之間相互依賴的關係，若只著眼於這些自由對於擁有的個人有何價值，從他們運用這些自由來影響政治的能力來理解問題的話，便會產生誤導。柏拉圖老早便指出，除非一個人處在良好的境況，能夠決定要影響他人去做什麼，不然擁有影響他人的能力其實毫無價值。[20]

「除了擁有權利者的利益，也要考量到行使這些權利時所影響到的人」，這不只對於政治權利和政治自由的價值很重要，對於正確理解權利本身的內容也很重要。舉例來說，言論自由便足以限制政府管控言論的權力。這種限制是合理的，因為我們需要它才能保護很多重要的利益。所以為了知道某個管制言論的提案會不會侵犯言論自由，需要先確定其所涉及的權力了會不會威脅到這些利益。這些利益不只包括人們可以成為發聲者（potential speaker），對公眾發表自己想法的利益，也包括了解別人要說什麼，並成為聽者，特別是投票者的利益。[21]舉例來說，在公開說明會上限制發言時間之所以合理，不只是因為要讓其他人有充足的機會暢所欲言，也是為了要讓與會的每個人聽得到各種聲音。

結論是，在第四、第五章，我論證了不平等可能會從兩個方向中的其中一種妨礙經濟機會的平等。第一種，是在優越職位和這些職位所必經教育的篩選過程中，程序公平可能會受到不平等的妨礙。舉例來說，有錢的家長可以影響大學的招生委員或公司的人事委員，子女因而比更有資格的申請者得到更多青睞。第二種是對實質機會的妨礙，如果窮人家的子女得不到夠好的教育，在申請大學或應甄好工作時，則難以和有錢人家的子女競爭。

而在這一章，我論證不平等阻礙政治公平的路徑有二，都和前述類似。一種是妨礙政治體制的正常運作，如有錢的公民會施加影響力，促使立法者或其他官員做出有利富人的決策。另一種是妨礙政治公平所需要的背景條件，如貧窮的公民會負擔不起有效的表達手段，因此在競選公職時難有贏面。這兩種政治失去公平的狀況，都是由影響力造成的——前者是因為富人有能力影響民選官員，而後者是因為人們對於選舉結果乃至政治決策的影響力都不平等。

如上描述大致正確。只是，我在更前面的例子裡也論述過，我們之所以反對立法者或官員在影響力下做出偏袒富人利益的決策，最根本的理由是這些決策會違背相關的公務行為（official conduct）標準。一如我們在前面關於經濟機會平等的討論中，談到程序公平遭到違背時一樣，影響力主要是用來解釋為什麼會發生這種事，而非為什麼我們應該反對這些事。只不過富有的公民能夠行使這種影響力，也是因為社會沒有實現政治公平所需的背景條件。

所以最根本的問題在於能不能獲取主要的表達手段。在經濟不平等塑造出的環境中，主要的表達手段不是被有錢人把持控制，就是價格高到有錢人才能取得。因此，富人對於政治問題的公共討論，有了更大的影響力。不只是想要影響政治結果的人，這對所有公民來說都是困境，因為人要先接觸各式各樣的意見，才能決定要如何投票，以及支持什麼人。而且，由於打一場成功的選戰十分昂貴，富有的公民本身就比較容易當選，也更容易影響原本依靠他們捐款的官員和候選人。

如同我所說的，其實有多種策略來防止經濟不平等造成這些後果。可惜經驗顯示，一旦高度的經濟不平等確立後，要再防範其後果更是難上加難了。

## 注釋

1. Martin Gilens的《Inequality and Democratic Responsiveness》以及《Affluence and Influence》第三、四章。
2. Larry Bartels的《Economic Inequality and Political Representation》的後續研究對季倫斯的結論提出了一些疑問。請見Peter K. Enns的《Relative Policy Support and Coincidental Representation》和Omar S. Bashir的《Testing Inferences about American Politics: A Review of the 'Oligarchy' Result》。季倫斯的回應請見《The Insufficiency of 'Democracy by Coincidence': A Response to Peter K. Enns》。
3. 《Justice as Fairness》，頁139。
4. 為了回應羅爾斯的反對意見，高斯特別指出，美國的政治參與程度很高。見《The Order of Public Reason》，頁515–20。
5. 《Political Liberalism》，頁327。
6. 《Justice as Fairness》，頁46。
7. 對於另一種觀點的辯護請見Daniel A. Bell的《The China Model》。此觀點認為，政府職位應擇優選任。

8. Cohen的《Money, Politics, Political Equality》，頁273。尼科·科洛尼（Niko Kolodny）也在《Rule Over None II: Social Equality and the Justification of Democracy》中強調過影響力的機會平等這個概念。他所討論的，主要是藉由投票達成影響力的形式機會平等。而柯恩和我關心的，主要是科洛尼所謂「影響力的非形式機會平等」，這點他直到論文接近結尾時才有所討論（頁332及接下來幾頁）。

9. 第五章對「意願」的論點也適用於此。在這層意義上，一個人可以獲取手段，不只代表他可以選擇使用這些手段，也代表他的處境好到可以決定要不要使用。

10. 柯恩的原文是：「在一九九六年，有百分之九十二的眾議員和百分之八十八的參議員當選人，在競選中的支出都超過對手。」（《Money, Politics, Political Equality》，頁281）。不過他也補充道，這件事的詮釋非常複雜，因為在位者比較容易連任，也比較容易募款。柯恩的結論是：「先忽略這些複雜性不談，至少我們看來無法否認，候選人能否當選，取決於募款是否成功；募款成功與否，取決於候選人能否好好表現；候選人能否吸引到能提供資金的族群支持，則取決於他們表現的作風。而藉著提供這些支持，捐款者對選舉結果有了某種程度的影響力。」（頁283）

11. 因此，如實質機會是機會平等的一部分，選舉程序的競爭性也會帶來比較性，致使「充足」這個概念變得近似於「平等」。我在第五章論述過，只要大學入學和其他甄選機制確實做到程序公平，即使無法消除這種影響，至少也可以限制其嚴重程度。而在這裡，相似的策略是讓競選變得不那麼依賴金錢。

12. 有些令人沮喪的證據顯示，選舉結果其實是由無關的因素所決定的。請見Christopher Achen以及Larry Bartels的《Democracy for Realists》。

13. 季倫斯從研究中得到結論，最好的解釋是富人在選戰中捐的錢愈多，對政治結果的影響力愈大。見《Affluence and Influence》第八章。

14. Gilens的《Inequality and Democratic Responsiveness》，頁781。

15. Bartels的《Economic Inequality and Political Representation》，頁263。

16. 貝茲稱此為「公民受公平待遇的利益」（citizens' interest in equitable treatment）。見《Political Equality》，尤其是頁110–13。不過，政治公平和機會平等之間有個重大的差異：經濟機會平等的概念裡，並不包括一個人應該要有手段，去確保自己必須面對的體制是公平的。

17. 紐澤西州最高法院在一九七三年介入此事，可以想見經費不足的問題在更久以前就存在了。

18. 選區劃分不公在紐澤西的案例中也插了一角。在二〇〇〇年的人口普查後，法定選區的劃分對少數族群而言，是在此前後數十年間最有利的一次。（巴特爾曾經加入二〇〇一年的重劃委員會，他對最後採用的重劃方案表示：「我想這給了紐澤西人一個好機會，可以告訴立法者，人民是怎麼看待他們的。」（《Philadelphia Inquirer》Apr. 13, 2001）該方案生效後，紐澤西州州議會在二〇〇八年通過了第一份得到最高法院批准的教育經費法案。紐澤西最高法院認為，只要滿足某些條件，該法案即符合州憲法的要求，可以提供所有兒童「全面且有效的」學校教育。然而，由於二〇一〇年當選的新州長，這份法案從未徹底實施。而在二〇一〇年人口普查後，重劃的選區又再次削弱了貧困地區的權力。

19. 這個問題的本質以及可能的解決方案，也有賴於相關的傳播形式。隨著科技變化，這兩者會如何改變著實難以下定論。

20. Plato的《Gorgias》，頁463－9及各處。科洛尼在《Rule Over None II》，頁310、332中指出，羅爾斯之所以強調此為基本自由設計「最佳總體制度」（the best total system）的重要性，這也是原因之一。見《A Theory of Justice,》第二版，頁178－220。

21. 有些觀點認為，選民的利益至高無上，如Alexander Meiklejohn的《Political Freedom》。而我的主張是，未來的參政者、聽取言論的人，以及言論受到影響的旁觀者和言論受到限制的人，這些人的利益決定了言論自由的內容。請見我的《Freedom of Expression and Categories of Expression》。

第七章

# 平等、自由與強制

在反對追求平等的理由中，一個很常見的說法是，推動平等會對個人自由造成不可接受的干預。諾齊克便曾以籃球明星威爾特・張伯倫（Wilt Chamberlain）為例，生動的對平等提出反駁，而海耶克等人也一再提起這個例子。[1]但自由的價值同樣可以當作論據，用來主張要讓社會更平等。正如我在第一章說的，反對經濟不平等的理由之一，是它導致某些人對其他人的生活擁有過大的控制權。因此，在平等的論戰中，雙方都可以訴諸某一種個人意義上的自由（freedom）*或政治權利上的自由（liberty）。本章的目的，是藉由檢視後者這種自由的種種爭議，以及我們在乎自由的各種理由，來釐清這場論戰。

干預一個人的個人自由，意指阻止他去做自己想做的事。因此，幾乎在所有定義中，人們似乎都有初步（prima facie）的理由反對自由遭到干預。這可能正是為什麼我們干預一個人的自由時需要特殊的合理理由，反之若不會干預自由的話，則不需要。[2]如果我們對某個政策唯一所知的，是它牽涉到干預某人的自由，我們就有顯而易見的理由反對這項政策。為了合理化此政策，必須證明這個明顯的理由實際上並不適用，否則其他人可能會基於另外的

* 譯注：在英文中，freedom是指「不受拘束地憑個人意志做出決定與行動」的自由，而liberty是指「人在群體中被某種權威允許做出決定和行動」的自由。若無特別說明，本書中的「自由」指的都是liberty。

考量否決。

然而，自由並沒有因此而顯得獨特。如果我們知道執行一項政策，會致使某些人變得非常窮，而且有另一項政策可以讓他們不那麼窮，那我們當然有理由反對這個政策；除非支持者能證明這個理由不適用，否則政策會被否決。但即便這層需要並不是干預自由所獨有的，似乎也點出了自由和平等的的迥異之處。如我在第一章說過的，我們似乎沒有什麼理由要在乎平等本身——在乎人們擁有的東西之間存在差異；相較之下，不如在乎給弱勢更多資源之類的事。平等或許如同諾齊克所言，是毫無意義的模式，或者人們會在乎，只是出於嫉妒。

本書最重要的主題之一是，雖然我們未必有什麼顯而易見的理由反對不平等，但在許多情況下，仍然存在著反對不平等的好理由，只是我們需要探究這些不同的理由。同樣地，說到自由，也有很多因素會導致一個人無法做自己想做的事，而我們也有不同的理由去反對這種事。想要了解自由和平等之間可能的衝突之處，需要先了解每一種衝突產生的原因。

我之所以無法做自己想做的事，可能是因為缺少必要資源，某些個體或機構提供的必要資源，而且他們甚或刻意阻止我得這些資源。我有可能得不到自己想要的工作，因為我欠缺必要的教育，而我無法接受這些教育是因為我付不起學費。同樣地，我有可能不能去想去的地方，因為我沒有車，而且我沒錢買車或租車。

海耶克會說，在這類例子裡，我都不缺自由，而是缺乏我想要去做的權力（power）。他認為，視自由和這種權力為同一件事，會忽略自由的核心概念，因為在這些例子中，我的自由總是隨著財富而增減。而海耶克主張，除非有人對我做出人身限制或強制（coercion），阻止我做自己想做的事，否則的話，我的**自由**不會受到干預。他說，「一個人身處的環境或處境被另一個人控制，而他為了避免更嚴重的不幸，被迫不遵從自己的計畫，反而服務他人的目標」，唯有此時，我的自由才算是被干預了。[3]

自由和權力之間的區別，在海耶克為他支持的立場所提出的辯護中至關重要。保障基本收入可提升很多窮人的權力，他們得以做自己有理由去做的事。而如果保障基本收入算是提升窮人的自由，那麼提升的程度需要跟上、甚至超過稅收對自由的干預，畢竟這項政策需要稅收來支持；海耶克拒絕這個看法。就他的觀點，稅收干預自由，而保障收入無法增加自由，只能讓人有更多權力得到自己想要的一切。

海耶克說得沒錯。至少在很多牽涉到強制的情況中，都存在某些我們應該反對的要素，但在一個人因為欠缺手段而無法得其所欲的情況裡，並沒有直接出現這些要素。以我適才舉的例子來說，並不是因為有人為了要我依他的「計畫」行事，而以處罰來對我施加壓力，致使我無法接受教育或前往想去的地方。

但是在這些例子裡，我無法做自己想做的事，確實是強制性的。我沒有錢，所以我無法做自己想做的事，因為要做這些事得先擁有或使用的資源，是屬於另一個人的財產；除非我用錢跟他進行交易（exchange），不然他會禁止我得到或使用他的財產。我沒辦法取到一輛車，因為每輛車都屬於某個人。法律禁止我沒有得到擁有者的允許便使用這些車，而如果我用了則會遭到處罰。所以，如果沒有錢，我就沒有能力得到我想要的，是因為財產權的存在，而財產權正是由強制力所支持的。這麼一來，以海耶克的話來說的話，只要我的財富變多了，我會有更多權力去做自己想做的事。

羅伯．黑爾＊（Robert Hale）很久以前曾強調過，這種「背景強制」（background coercion）的重要性。[4]可惜，他接下來的解釋可沒那麼有道理。他認為，如果有一方同意某個安排，只是基於另一方的堅持，那麼前者就是被強制同意的。以我之前舉的例子來說，如果我把本來要買食物的錢用來租車，以便出席一份工作的面試，黑爾會說，我是被強制付這筆錢的。但他又很快補充道，這並不代表在此情況下，租車商這麼做是不被允許的，也不代表我跟他們之間是非自願的無效契約。他認為，一件事有沒有牽涉到這種強制及其對錯，是兩個不同的問題。然而，要是把每一件對彼此有利的對價（quid pro quo）交易都說成是強制，確實像是扭曲了我們一般說的「強制」，或許甚至耗損了這個概念的力道。[5]

然而，海耶克對自由和權力的區分真正值得注意之處，並不在於他區分了強制和其他防止人們為所欲為的限制，而是在於他區分了兩個反對讓人因為某些因素無法為所欲為的理由，至於這些因素是否構成強制並不重要。首先，人們有理由反對某個有價值的選項，原因在於這些因素變得無法取得，或是必須付出巨大代價或風險才能取得。這個理由的力道完全取決於人們想要這個選項的理由力道有多強。但仍有另外一種理由，可以用來反對人們陷入他人控制、屈服於他人意志的處境，一如海耶克所描述的處境[6]。反對這種處境的理由相當多樣，不只取決於那些變得難以取得的選項到底多有價值之外，還有其他眾多因素，而我在以下提出其中三個因素：

第一個能決定我們多有理由反對屈服於他人意志的因素，是我們和控制者之間的關係。相較於陌生人或宿敵，被家庭成員或所愛之人控制，可能會比較不令人反對（但在某些情形下或許會更應該反對）。

第二個能決定我們多有理由反對受他人控制的因素，在於控制者有多少權限

---

* 編注：羅伯・黑爾（Robert Hale, 1884-1969），美國律師、經濟學者。其研究及著作大多聚焦於法律規範對分配所造成的影響。

（discretion）能決定我們該做什麼。正如海耶克的觀察，如果法律能夠規範控制者可以強制我們做什麼，那就比較不需要反對。[7]原因之一可能是法律會使干預變得容易預測，我們得以提早計畫如何應對。但除此之外，這其中也有人的因素存在：一種情況是控制者只能根據法律下令（而且要有理由），無法選擇要不要遵從，也不能改變法律；而在另一種狀況下，控制者可以隨心所欲命令我們做任何事。在這兩種不同的關係之間，後者顯然比較應該反對，因為控制者可以用難以接受的方式，任憑己意決定我們的命運。

第三個決定我們多有理由反對被他人控制的因素，則是生活中的哪個面向會被控制。由別人決定自己做事有哪些限制，像是房子可以蓋得離土地邊界多近，或由別人指示自己該怎麼過生活，比如和誰結婚。後者顯然更糟，原因之一在於，選擇伴侶這類的多數個人抉擇，如果是由別人決定，或是在他人強烈影響之下決定的話，無論影響的方式是威脅或是用金錢或職務收買（offer），這件事的意義都會改變，而且通常會被破壞。重點是，有些選擇只能依據自己的理由，而且是特定類型的理由（如不能是為了金錢利益）來決定。

所以海耶克推斷而出的區隔，不只是區分了強制和其他限制一個人能否得其所欲的方式。唯有思考我此時正在試圖區分的這兩種理由，才能理解強制有什麼可反對之處，以及判斷什麼時候仍然可以讓強制變得合理，也才看得出來海耶克所說的。

在多數情形下，這兩種理由都可以用來反對強制。強制通常包含威脅——「做A，否則的話，我就做B！」而對被威脅的人來說，B才是他有好理由不想要的事。他可以用前述的第一種理由來反對這種威脅，因為這消除拒絕做A又不會遭受威脅中懲罰的選項，以致他做選擇的情境變得更糟。此外，另一個應該反對威脅的原因是，他如果遵從威脅，免不了陷入他人的控制之中。至於收買，只要可以改善當事人做選擇的情境，並因此不適用第一種反對理由，通常也不會被當成是強制。

但在第二種理由下，收買也是應該反對的。比如，你有錢的舅舅願意買輛車給你，前提是你要放棄立刻結婚的打算。你依舊可以選擇結婚而不要那輛車，而且你還多了一個選項是，先拿到車，之後再結婚。舅舅的收買看起來並沒有讓你的選項變差，或許甚至更好了。（雖然放棄一輛你可能需要的車子，也許使得現在結婚這件人生大事發生什麼改變。）然而，由於舅舅嘗試控制的是你現在要不要結婚，這個例子因而看起來有了強制的意味。因為這是那種你會有強烈理由想要不受他人的控制或影響，自行決定的事情。

一個強制性的威脅（或者該說是「強制性」的收買）是否可以容許，至少需要考量以下幾個因素：（一）被排除的選項有多少價值，或是因此變得多難取得或缺乏吸引力，以及一個人是否有權利（entitlement）做選擇；（二）如果不接受要求，一個人的損失會有多大；

（三）威脅者是否有權力阻止你做這件事；（四）接受要求代表受到對方以這種方式控制。

先舉個最標準的例子：有個搶匪拿槍指著你說：「要錢要命！」在這當下，你有理由保住錢，有也理由保住命。此外，這裡也有個和強制無關的問題，亦即你有權（entitle）保住你的錢，而搶匪無權（right）殺害你。我想這就足以認為搶匪的行為不可容許了。而且你也有理由反對受到搶匪控制。這種要求根本是羞辱。而在其他情況下，這種理由又相形重要了。

我們再以裁員為例，雇主有很好的經濟理由減少他雇用的勞動力，這時他告訴一個員工，只要跟他發生性關係就不會被開除。在這個例子中，該員工無權（entitle）繼續工作，但雇主有權（right）開除她（這個強制本身能不能容許，是我們接下來要討論的另一個議題）。這名雇主所為不可容許的原因是，他以開除員工的權利，強迫她遵從他的計畫；而這個計畫牽涉到對個人來說相當重要的選擇，因而特別應該反對。我們可以從這裡得到結論：即便為了經濟效率或其他的理由，雇主必然有權能決定員工的去留，但如果他們像前述那樣以這份權力威脅或勒索員工和準員工，也是不可容許的。

接著我們來思考刑法中的強制。刑法會有合不合理的問題，是因為它施加的懲罰都牽涉到非常嚴重的損失——諸如受到監禁、失去財產，甚至失去生命，而這些都是一般情形下人們有權（entitle）不受其害的事情。儘管如此，許多刑法看起來都很合理，因為這些法律會制裁謀殺、持械搶劫等人們有好理由不想涉入的行為，由此保護每個人不受其害。至於受制於這些法律意味著被他人控制，這件事看起來反而不是什麼關鍵因素。

在諸多人們有理由反對法律的例子中，如反對環境法規、土地使用區劃（zoning code）、職業安全健康規範，以及近日的稅法等例子中，反對的理由主要都是基於這些法律排除的機會有何價值，而不是遵守這些法律會受其他主體所控制。後者這種理由比較常用來反對針對個人行為的規範，如防制吸毒或要求騎機車戴安全帽的法律。面對這些規範，人們除了會失去某種機會，也有理由對於「被人指教該怎麼過生活」覺得反感。就算他並不重視這種機會——如從來沒想過騎機車不戴安全帽——也可能同樣有理由產生這種不滿。

任何行動或政策只要屬於「將沒人想要的結果加諸於某個行動方案（course of action），以阻止某人這麼做」這種廣義上的強制，很可能會受到前述討論中這兩種初步的反對。一項行動或政策是否可以容許，我們需要考慮兩件事，第一件，是有哪些人們不想接受這種要求的理由，是可以歸入這兩種初步反對的理由；第二件是有什麼理由可以允許控制者做出這種要求。我要說的是，在這麼廣泛的意義下，諸如期望能更有辦法獲取某個機會（亦即想要海耶克所說的權力）、反對被其他人所控制等理由，都可以用來反對強制性的要求。

有了這些自由和強制的概念為背景，我們便可以轉而討論「自由」和「促進平等」之間的衝突了。促進平等的方式之一，是靠稅制重新分配（redistributive taxation），亦即拿某些人的資源做為提供其他人福利的資源。而另一種促進平等，或者說防範不平等的方式，則是所謂的「預先分配」（predistribution），依法律和政策決定個人的稅前收入。[8] 如羅爾斯的差異原則，便是企圖用來解決經濟制度中「造成稅前收入和財富不平等」的面向。保護智慧財產權的法律是個好例子。如果迪士尼和默克藥廠（Merck）握有專利和版權的時間沒那麼久，這些股東也不會這麼有錢。如果智慧財產權的效期短一點，造成的不平等照理說會少一點。我之後會繼續討論到，為何預先分配是更為根本的問題。但既然靠稅制重新分配比較受人關注，我就先來談談這部分。

稅收可能是干預自由最典型例子了。不想被罰錢或進監獄，就要交出部分收入做為稅金這件事，迫使我們更不容易做到原本可以用那筆稅金去做的事。而且，繳稅常常也牽涉到服務他人的目標，而非自己的目標——這筆錢可能用在我們根本不認同的戰爭、提供福利給我們認為不符合資格的人、資助我們覺得浪費錢的體育館或博物館等計畫。被法律要求付自己的房租，或是償還自己積欠的債務，都不會這麼令人反對，因為這些債務是我們為了追求目標而自願承擔的，並非受他人的意志所迫。

有人會說，只要稅金是經由正當的政治和法律秩序所徵收，而且這套秩序也批准用稅金支付前述支出，那麼我們依然欠這套秩序一筆稅金。因此，繳稅猶如還債，這是一筆我們必須放棄，而非有權保有並任意使用的錢。這個回應方式可以說是丐題（question begging），把結論藏在問題裡，因為它預設了稅收法律具有正當性，但這點正是問題的重心。不過，宣稱我們有資格保有自己的稅前收入，同樣是預設了我們賺取收入時，身處的這個政治與法律架構具有正當性。稅收法律是這個架構的一部分，它和其他部分有相同的法律基礎，當中也包括規定了財產權的法律。所以，因為稅收拿走了在**這套法律架構下**屬於某個人的東西，而宣稱稅收不具正當性，這是說不通的。[9]

因此，要了解有哪些理由可以反對靠稅收重新分配，最好的方法並不是認為，錢是人們靠自己賺來的，而受所處法律制度保障的稅前收入，有一部分被這種稅收奪走了，所以我們應該反對。而是因為一套允許靠稅收重新分配的法律與政治制度，本身就不公不義（同時人們在此制度賺來的稅前收入，也因此染上了某些道德汙點。）[10]

然而，任何稍顯煞有其事的觀點都會允許**某種**形式的稅收。比如說，假設有些觀點認為把稅金用在執法和國防上（也只用在這些上）是正當的。從這種觀點看來，如果法律只要求人們為此繳稅，違者處以罰金或徒刑等處罰的話，就不會被看作是應該反對的干預個人自由。這類法律會是強制性的，會藉由減少可支配收入，縮減個人追求目標的手段，然而，法律也可能以其他方式增加個人收入，以保障這類稅收得以實現。

在這類制度裡，人們用以付稅金的錢和房租租金一樣，都必須是**自己的錢**——也就是別人不得從我們銀行帳戶裡拿走的錢。儘管在這層意義下，認為稅收「奪走」了我們的錢，也不能當作反對稅收的初步理由，因為人們本來就無權（entitle）保留這筆錢。而這並不是因為其他考量枉顧人們保有這筆錢的權利（right）。一如房東索取房租的權利並非枉顧租客留著錢不繳房租的權利。事情正好相反：租客並沒有這方面的權利（right），因為已經簽了房屋租約，或在繳稅的例子裡，則是因為有一套正當的稅法適用於我們。

總結這個例子，我的結論是稅法本身的強制力量（enforcement）並非問題的重點。如果有人欠了某樣東西，要求他交出來並不是應該反對的干預自由或干預財產權。真正的問題在於，我們可以正當地要求人們繳哪一種稅？稅收整體的正當性這個問題——換句話說，整個關於獲取、交易財產和賺取收入的架構有何正當性——都屬於我前面提到的「預先分配」這個問題的一部分。這些問題可能包括，如果制度只允許人們保有某種金錢轉移（transaction）的部分所得，這樣是否合理？或是合理的制度必須允許甲方保有乙方在交易中給予的一切？[11]

要判斷稅收法律在一個體制架構中的正當性，我們必須思考以下兩件事：一是這些法律的存在是否有合理的理由支持，另一則是有哪些理由可以反對這些法律，以及這些法律可能會被要求受哪些限制的規範。

以下是三種可能用來合理支持稅收法律的理由。第一個可能的理由是，政治制度可以正當地為社會該進行什麼計畫做出集體決策，而稅收法律可以公平地籌措執行這些計畫所需要的資金。儘管我認為，這個理由可以讓稅收法律合理化，但我不會在此探討這種理由。一方面是因為這必須建立在一整套關於政治正當性的一般性理論上，二方面是因為在思考平等時不太會用到這個理由。

第二個合理支持稅收法律的理由，是因為法律和政治制度，包括兩者所涉及的財產法律若要合理，就要提供某些福利，這些福利可能包括了教育以及社會上每個人皆有機會參與經濟的各種條件，或在政治程序中有效發揮個人角色所需要的條件，而稅收可以公平地支付這些福利所需的經費。而第三種理由則主張，稅收的目的只是為了減少不平等。這種主張要麼認為不平等本身不公不義，要麼是認為不平等會帶來政治制度腐敗等有害的後果。

我在前幾章，特別是第五、六章都論證過第二種主張，於此再次列上是為了討論，並在後文提出進一步的主張。但本章的主要目的是思考這些主張的另一面。有一種主張認為，我們應該反對稅收，因為它和獨立於任何社會體制的財產權不相容。這並不是目前最廣為人知的觀點，[12]不過為何此觀點如此吸引人亦值得我們深思。

此觀點這麼有吸引力的原因之一，或許是因為人們認為，社會體制可受道德批評；一旦財產權是由社會體制所決定的，則有可能是由不具正當性的方式所決定的。這種批評似乎得以「個人擁有獨立於任何這種體制的權利」為基礎，而財產權看起來是再明顯不過的選擇。另一種更具體的支持理由是，我們可以想像到各種明顯錯誤，又獨立於任何社會體制的行動，而它們之所以顯得錯誤，是因為侵犯了財產權。

假設有戶人家整理了一片土地，接著種植作物以便過冬，而且他們做這些事並沒有傷害任何人，用洛克的話來說，他們已經為他人留下「足夠且同樣好」的資源了。如果這時有一幫人帶著武器帶走這些作物，很明顯是錯的行為。以契約論的方式來看，我們都有理由拒絕任何允許這種行動的原則。

拒絕這種原則的理由是，只要站在這戶人家的立場上，都有理由想要能夠自給自足，並對未來使用某些東西有足夠的信心，投入時間和精力把東西變得可用這件事因此顯得合乎理性。這些理由便足以成為充足的根據，我們得以拒絕一個允許奪取作物的原則，因為並沒有同等強烈的的理由，堅持強取他人物品是被允許的：這戶人家已經留給別人「足夠且一樣好」的資源了，其他人也有機會以相同的方式自給自足。

我們都有理由想要控制生存所需、想要長期穩定掌握自己的財產——這是實現自己的計畫所不可或缺的，這是財產帶給我們最基本的個人利益，也是個人財產權這麼重要的原因，所以我們都有理由反對允許掠奪他人作物的原則。[13]因此我們很自然會認為，搶劫的行為是錯的，這麼做會侵犯那戶人家的財產權。但這個想法不對。相較於侵犯財產權的錯誤，干預財產帶來的重要利益所犯下的是「自然的」錯誤（natural wrongfulness），兩者之間有諸多不同之處。

在某些例子裡，我說的這種自然錯誤可能會很明顯，因為罪犯不但干預了受害者的重要利益，他們身處的情境也無法合理化這種行為。但在不少例子中，干預是怎麼形成的並不清楚。如果我在你家底下挖地道，開採你不知道的礦石，這麼做，是否干預你的利益？如果我在我們兩人土地的邊界附近挖井採油，而大部分的油其實蘊藏在你的土地下呢？有關財產的社會體制可以做到的事情之一，正是決定誰有權利掌控土地和其他東西，以保障前面那些財產帶來的基本利益。如果既有體制的作法有正當理由，那麼侵犯體制所定義的權利就是錯的，不論過程中有沒有真的干預到受害者的生命和生活，只要干預不是依賴這套體制。而且在這種情形下，無論侵犯的一方有沒有提供其他「足夠且一樣好」的選項，這麼做都是錯的。

體制所定義的財產權也包括了轉讓財產的權力（power）；也就是說，甲方有權力將使用一個東西的獨家權利（exclusive right）授予乙方；而且無論第三方使用這件東西，會不會對乙方的使用造成獨立於體制的干預，都不會影響到這份權力；這份使用轉讓物的獨家權利，也不需要先確保其他被排除的人擁有「足夠且一樣好」的東西，因為轉讓本身便授予了排除他人的權利。一個人想要轉讓物的主要理由，可能只是為了排除他人的使用權，以便持有到哪天需求上漲或是供給短缺導致價格上漲，再對想要使用的人索取更高的價格。持有以待未來交易也是一種使用，但這種使用本身不受排除他人的權力所保護，而是獨立於該權力。

這並不是說，待漲價售出的權利沒有辦法合理化，而是說它無法因為前面討論那種不受干預的安排而合理化。除了保護財產帶來的基本利益之外，體制也可以出於其他理由，創造手段上合理（justified instrumentally）的財產權。只是這種合理化的方式仍必須考慮到在特定脈絡下建立這種制度，整體上會有哪些後果——所謂的後果當然也包括了分配的效果。智慧財產權正是其中的一個極端例子，這些權利是由習俗或法律創造的，而且也可以被持有以待日後轉移或交易。

如果財產權所指的權利，是像這樣超過了不受干預的主張（claim），而且包含轉移給他人的權力的話，那麼所有財產權都是以下列兩種方式依賴社會體制存在的：它們由社會體制定義，而它們是否合理，也取決這種社會體制是否合理。所以，既然沒有自然的財產權這回事，那也不會有哪個體制可以在變更和修改財產權的同時，完全不受道德批評。[14]體制可以定義財產權的方式很有限，因為這些權利要合理，就必須以某種方式服務、保護，以及更廣泛來說，必須合乎人們的重要利益。所謂的重要利益，包括但不限於我前面說到財產能帶來的最基本個人利益，而我也論證了為何它無法獨立於任何體制。

一個在最廣義條件下符合我描述的財產權制度，其所創造的持有制度和交易制度，會決定它是否合理，以及侵犯這種權利是否會因此犯錯。如果一個財產權制度所提供的福利夠重要，而人們即使被制度排除，無法得到自己有理由想要的東西和其他機會，也沒有理由反對的話，這樣一個財產權制度就是合理的。[15]在回答它提供的福利夠不夠重要時，自由（包括但不限於反對被他人指使的理由在內）和經濟效率一樣，都是占有一席之地的考量。同時，如果因為這種財產權造成的後果，或是其他原因，而有什麼理由能用來反對不平等的話，同樣也應納入考量。一個權利制度是否合理化，取決於這些理由最後取得平衡的狀況。

有一些例子可以說明這個合理化的過程。比如在第一個關於持有和交易個人財產的情形中，我們有很強烈的理由想要能夠使用，並且不讓他人使用我們所生活的空間以及我們生活所需的物品。我們需要有辦法在未來使用這些生活所需之物，才能達成自己的目標，因此我們有理由不讓他人使用。如果定義或重新定義財產權的方式不符合這些最基本的理由，則會受到嚴厲的道德反對。但讓我像這樣得以控制實現計畫所需的物品（不管我有什麼計畫），也可能會不相容於其他人想實現**他們的**計畫的理由，所以縱使有個法律制度不給我這種控制權，也不代表它該被反對。[16]

重點在於，一個財產權制度在定義財產權時，需要回應每個人的這些理由，我們才有辦法為其辯護。回應這些理由的方式有好幾種，其中有些可能跟財產權無關。「想要控制自己的生活空間」這個理由，也許以租賃制度便可滿足，不需要像財產權一樣包含販售的權力。但無論是什麼習俗或法律制度在協助保護這些利益，只要改變它的方式會致使它無法繼續提供保護，我們就有強烈的理由反對改變——即便這種改變能多少促進經濟平等也一樣。[17]

接著來談談一個可說是極端的例子：創造智慧財產權的法律如何合理化。專利和版權法禁止人們做某些事——如製造和販售特定藥物，或是重製特定文本和圖像。這些法律用懲罰來威脅人們服從命令（減少了海耶克所謂的自由），他們因而比較不能做自己想做的事（也減少了海耶克所謂的權力）。這些法律也讓取得這些藥物或圖像的途徑變得昂貴，減少了其他人使用的權力。

另一方面，這些排他的權利也使專利和版權所有者得到收入，增加他們為所欲為的能力。如果把這些權利變得更極端，比如說專利和版權的有效期間更久，或是適用於更廣泛的地區，持有者也會變得更富有，進一步增加他們為所欲為的能力。所以它可能會鼓勵其他人開發有智慧財產權的事物。

只是，由此也提升了不平等。所以**如果**我們有理由避免或減少這種不平等（或許是因為它的影響），那這份理由也能讓我們限縮智慧財產權的效力。就我目前看來，縮減自由仍無法構成反對限縮智慧財產權效力的理由，因為爭論雙方都有各種關於自由的考量。權利縮減後，智慧財產權利持有人為所欲為的能力會減少，相對地，其他人的能力卻會增加。而無論在哪一種安排下，人民受國家支配的程度都是相同的。

顯然，即便忽略平等的問題，關於自由的考量大概也會**要求**限縮智慧財產權。至少基於這些考量，沒有什麼理由可以反對我們這麼做。延長專利和版權的主要理由，是我們需要這麼做以便刺激人們開發出有用的產品。所以如果這裡有什麼衝突的話，就是發生在「某些人因此更有『權力』為所欲為的好處」，和「偏重平等的考量」兩者之間了。

我相信，談及財產權的定義有哪些道德限制時，這一套合理化的過程應該大多能適用。在個別案例中，合理化的過程會複雜得多。不過很顯然的是，對於平等的考量至少會占一部分的重要性，即便它有時會跟對自由的考量相衝突，卻也不會因此被排除。自由和平等之間的衝突似乎在這種時候最為直接：當人們行使某些理所當然的權利來進行特定金錢轉移，會造成不平等的結果，而社會如果要促進平等，只能限制這些金錢轉移，或對來自這些金錢轉移的收入課稅。

此即諾齊克想用張伯倫為例說明的狀況。球迷很享受觀賞他打球，他因此多賺了很多錢，進而大幅增加了經濟不平等。即便我們有理由阻止這樣的不平等，也不能禁止張伯倫和球迷的作為。如果想看球賽卻不能買票，錢還有什麼用？而且要不要打球賺錢，也完全取決於張伯倫。所以看起來，唯一能避免不平等加深的方法，是對張伯倫的收入課稅。那麼有什麼理由能讓我們決定要不要針對這筆錢課稅？這個例子很特別，因為它可以套用在一個更一般性的問題上：個人是否有資格保留來自各種金錢轉移的全額收入？我下面會先討論財產交易所得的利益，然後再回到服務所得的報酬上。

我們先以出售自己的房子獲利來談，因為在這個例子中，讓財產權變得合理的個人理由尤其有力。人們有很強的理由想要掌控自己生活的空間、想要能夠隨意使用、在不想讓別人使用時排除他人。前面說到，我們有些最基本的理由而想在乎財產，這便是其中之一。另外，人們也有很強的理由想要選擇在哪裡生活，並在想要的時候改變生活的地方。有鑑於這些理由，一個正當有理的權利制度，必須讓人們有辦法將他人逐出自己的個人空間，而且不能規定大家要住在哪裡，或是禁止大家在想搬家時離開。

只是，並不是每個人都可以住在自己最想住的地方。要解決這個問題，顯然是採用一套可以在市場上轉讓住宅的財產權制度。在這樣的制度下，人們可以持續穩定控制自己的生活空間，因為除非有人出的價讓你覺得搬家值得，比如至少開到「底價」，不然你大可自由留在原本居住的地方。而這麼看來，把稀缺的住宅（housing）分配給願意花更多錢的人，也是合情合理的，因為這樣分配資源可以呼應每個人不同的住宅品味，以及住宅相較於其他財貨的不同價值。（至少在金錢對每個人的邊際效用〔marginal utility〕大致相同時會有這種效果。但如果財富和收入很不平等，可能就不是這樣了。）

因此，人們有這麼強的理由支持住宅財產權可以交易，部分是出於在乎財產的個人理由，部分是出於之前提到的效率考量；另外一點要補充的是，這樣的制度有助於確保住宅的數量適當，因為如果住宅太稀缺，地價上漲便會吸引更多人投資房地產。

眼前的問題是，這些支持住宅財產權的考量會不會妨礙我們對轉售房屋所得的利潤課稅？我的看法是不會，卻會限制我們可以課徵哪些稅金。首先，買賣雙方事先都要知道他們會付出和得到什麼，這點非常重要。（合理的例外應該受到保護。）第二點，賣方至少會拿到底價，而買方也沒有被迫付出超過心中所值的價碼，這點也很重要。第三點，市場的效率有賴於這件事：如果有準買家願意付更多錢，那麼賣家售出後就會得到更多錢，即便是扣稅之後也一樣。因此我們不能用稅制收走所有超過底價的賣家所得。但這也不代表我們必須讓賣家保留買家支付的所有款項。

當然，買家願意付出什麼取決於他有多少錢，但市場上仍有哪些住宅讓人想買也是另一個決定因素。所以我適才總結，支持住宅財產權的理由，並非支持當財產稀缺導致市價超過報價時所多出來的錢（即溢價）應該全歸賣家所有。以諾齊克的說法，只要對溢價徵稅，都會干預「知情同意的成人之間的資本往來（capitalist act）」，因為這會讓賣家無法在金錢轉移中取得買家實際願意付的價格。但相較於我前面提到財產權所帶來的利益，買賣雙方達成這種金錢轉移所帶來的利益，顯然更少了。

這麼解釋可能還不夠。即使遵守前述的限制，針對房地產金錢轉移課稅要是直接進入總統的個人銀行戶頭，同樣令人無法接受。再者，即使人們在金錢轉移之前就知道有這種法律，甚至是由民選議員通過這些法律，這種稅制也應該反對。那麼，是否有理由可以反對這種稅制，又不需要訴諸於賣家的財產權讓他們有權（right）得到買家所支付的全額呢？（或是買家有權拒絕付出超過賣家實際所得的錢？雖然這看起來更是不太可能。）

反對這種稅制的理由有二：一是賣家有理由想要保留更多買家願意支付的錢，若不想讓他們得到這些錢需要有個理由。二是我們並沒有什麼好理由，認為賣家應該拿少一點，或是買家應該給多一點，好讓總統用這種方式從每一筆金錢轉移中獲利。因此，除了事前知情和公平立法程序以外，一定要有其他的好理由，金錢轉移獲利課稅這件事才能符合正義。

我所想的這兩類理由，都是來自財產權制度和金錢轉移本身正當性所要求的條件，以及促進重要公共財的理由。接下來，我會聚焦在前者，因為其所支持的稅賦制度比較傾向於重新分配，而且對於平等的考量也比較能在其中派上用場。由此，我所描述的這種財產權制度要能回應到每個人在乎住宅的基本個人理由，住宅市場就不能讓社會上最窮的人完全負擔不起房子。因此這種制度可能會需要某種公共住宅規範，或是用途更廣的最低基本收入，才會有可能合理化。

投資住宅的獲利可能會產生嚴重的不平等。如果這種不平等會造成像其他章節裡討論到的負面後果，那麼對買賣財產的所得課稅，或許是最能控制這種外部成本（negative externality）的方法。只要符合前述限制，這麼做既不會干預人們想要選擇和掌控住宅的重要理由，也可以有效把住宅分配給最願意付錢的人。但我不打算在此詳述或評估所有理由。我的重點只是：支持住宅財產權的理由，原則上並不能用來反對我們向交易的獲利課稅。

接下來，我要討論對工作收入課稅的問題。我們可以先從「自由選擇職業」的重要性開始。每個人都不乏強烈的理由，想要有怎麼消耗自己的生產力的選擇。這提供了我們強烈的理由拒絕法律或政策強迫人們從事特定工作，而且每個人都應該要能自由（free）選擇離職。但這裡的「強迫」和「自由」指的是什麼？用法律要求個人從事特定職業（戰時徵兵等緊急情形或許是例外），當然是不可接受的。但人們也有理由想要處在好的條件中選擇職涯發展。也就是說，人們有好理由（如我在第五章討論到的）想要擁有充分資訊，知道自己可以做的各種工作，並且能夠取得合適工作所需的資格。

另一方面，和住宅的例子一樣，不可能每個人都能找到自己最想要的工作。就業市場允許人們根據工資條件選擇工作，而工資又反映了他們的選擇對其他人造成的成本。沒有人必須（在有其他選項時）接受低於底價的工資，而雇主也不必付出超過勞動者所值的薪水。在這樣的制度下，可以很有效率地分配擁有特定技能的勞動者（或許，藉此回應對該技能的需求）。而這套制度的彈性在於，如需求和科技等有所變化時，勞工可被轉移到市場所需的不同用途上。

人們有理由想要自己選擇職業，加上勞動市場的效率優勢等考量，這些都不妨礙我們在一定限度內，徵收部分比例的收入。除了前面提到的那些以外，選擇職業的自由也要求，如果有人想要的話，他應該要可以做更多工作，或者從事第二份工作，以賺得更多收入[18]。為了預防這點而對所有超出特定額度的收入課稅並不合理，因為人們也有理由想要可以根據自己對工作、休閒和其他職業型態之間的偏好，來決定自己要做什麼。

不過有人可能會主張，當有人自願為勞動付錢，這時又有個政治實體（entity）有權力徵收這筆錢的其中一部分的話，它等於是擁有勞動者一部分的勞動力，這無疑近似奴隸制，因為這和自我所有權（self-ownership）的概念不相容——精力和才華只歸個人所有，也只有個人才能裁量要如何使用自己的能力。[19]要評判這個主張，我們需要先問，為什麼自我所有權這個概念這麼吸引人，以及其吸引人的理由是否支持個人有權得到他人願意其服務所付出的全額酬勞。這不過是將我在本書中不斷應用的同一套方法，套用在自我所有權上罷了，而在討論自由與強制的本章裡，那便是試圖辨識出給予平等的概念如此重要性的理由，並追問哪些時候適用這些理由。

我們可以理所當然地說自己是眼睛、腎臟這些身體器官的主人。未經同意便取走我們的器官當然是錯的，但如果我們願意的話，也有權力把器官捐贈別人或是賣給別人。問題是，我們在什麼意義上擁有自己的勞動力？這又蘊含（imply）了什麼讓稅收可以合理化？

我認為，之前提過的考量，也就是人們想要能夠選擇職業、隨意離職等這些事情的理由，可以完整捕捉到「個人擁有自己的勞動」的概念。這些理由同時解釋，像奴隸制這種不讓人自由（free）選擇職業的體制為何不正當。但從這些考量，並不能推論出勞動者有權（entitle）得到工作的「全部價值」——得到雇主為了他們提供的服務和技能稀缺性，所願意開出的最高工資。這些理由無法禁止我們對人們的部分收入課稅，因此只要有好的理由，課稅會有正當性。[20]

正如前面所說，課稅理由的核心是我們需要提供條件，為了財產和市場交易能夠運作，由此人們賺取的收入才算正當。我也已談過其中一些理由，包括高度不平等的負面結果。把出於這些理由而課徵稅金這件事描述成是強迫人們拿自己正當擁有的資源去幫助他人，這麼表達並不正確。相反地，這些稅金反映了在正當的財產和市場交易制度中，人們對資源的權利有哪些限制。

課稅的理由中，其中兩個理由和現在討論的自我所有權最為相關。有效率的市場經濟，需要讓雇主有權力指揮勞動者做事，以及因應科技和市場條件聘雇及開除勞動者。這些權力會減損個人決定如何運用自身才華與精力的能力。每個勞動者或多或少都會受此影響，但當勞動者擁有的是市場需求最低的技能時，影響會特別嚴重，他們經常必須在他人控制下接受不合意的工作，才能得到生活所需。

因此，勞動者有理由反對這種權力，因為它跟支持自我所有權的基本理由相牴觸。即使這些理由沒有充足到可以徹底拒絕這種權力，但鑑於其所支持的主張，這些理由仍足以用來規範雇主的權力，限制雇主對個人生活的控制程度。某種程度上，這個目標可以藉著提供良好的公共教育來實現，因為透過教育，人們得以發展更廣泛的技能，因此可以選擇更廣泛的就業型態。增強勞動者的議價能力也是一個辦法，如立法加強工會的力量，或是提供每個人最低的基本收入。如此一來就算是能力最低的勞動者，只要想的話，也有更堅定的立場拒絕某些型態的工作[21]。這些策略的優點是，勞動者可自行決定是要提高工資，或是改善勞動條件。

所得稅需要用來提供這些福利，才可以不讓勞動者拿到雇主為了換取服務而自願付的全額報酬。不過，單從支持自我所有權的理由，特別是從不受他人控制的理由來看這件事的話，勞動者在這時候所放棄的，遠不如這些靠稅收實現的福利來得重要。

把自我所有權理解成某種不容侵犯的「邊際約束」（side-constraint），會阻礙這類比較。但為了決定我們是否應該接受這種約束，需要檢視這麼做的背後有何理由，一如本書一直以來的作法。而一旦檢視過後，我們會發現，我們並沒有充足的理由接受此一般性的約束。

## 注釋

1. Hayek的《The Constitutions of Liberty》，頁87；以及在《Studies in Philosophy, Politics and Economics》，頁171裡的〈Principles of a Liberal Social Order〉。
2. 可見如Gerald Gaus的《Fundamental Liberal Principle》，他在其中主張「在這個意義上，自由是道德的現狀，因此不需要合理化，而限制自由則需要」（Gaus的《Social Philosophy》，頁119）。在《The Order of Public Reason》，頁340－8中，也可見他對支持自由的推定的討論。
3. 《The Constitution of Liberty》，頁20－1、133。
4. Hale的《Coercion and Distribution in a Supposedly Non-coercive State》。柯恩在《Justice, Freedom, and Market Transactions》中也提出了同樣的觀點。對於黑爾觀點的討論，請見Barbara Fried的《The Progressive Assault on Laissez Faire》。
5. 雖然單用對價的角度來理解交易的話，它從道德上來看並不是那麼理想。交易何以可能缺乏這種值得反對的要素，詳細研究請見A. J. Julius的《The Possibility of Exchange》。
6. 支持共和傳統的政治哲學家一直以來都在強調這個理由。可見如Philip Pettit的《Republicanism and Just Freedom》和Quentin Skinner的《Liberty Before Liberalism》第二章，尤其是頁84。
7. 《The Constitution of Liberty》，頁21。Pettit和Skinner也強調了我們應該反對不自由（unfreedom）

的理由，是因為不自由會讓我們被他人任意支配（《Republicanism》，頁55－7；《Liberty Before Liberalism》，頁70）。

8. 「預先分配」這個名詞來自Jacob S. Hacker的《The Institutional Foundations of Middle-Class Democracy》。更早期的用法請見James Robertson的《The Future of Money》。Martin O'Neill和Thad Williamson也在《The Promise of Predistribution》中，更為廣泛地討論過這個概念。

9. Murphy和Nagel在《The Myth of Ownership》裡提出這個觀點，並用來反駁他們所謂的「日常自由意志主義」（everyday libertarianism），尤其見31－8。

10. 同前注，Murphy和Nagel討論過這一種自由意志主義，並且以其對照「日常」的自由意志主義，見頁64－6。

11. 這也是討論Murphy和Nagel著作主旨的一種方式。只是書名如果改為《Redistribution and Predistribution》，聽起來就沒有《The Myth of Ownership》那麼擲地有聲了。

12. 拒絕這種觀點的有Hayek的《The Constitution of Liberty》，頁158－9；Friedman的《Capitalism and Freedom》，頁26；以及近期Gaus的《The Order of Public Reason》，頁509。反對意見則包括Nozick和Eric Mack的《The Natural Right of Property》。

13. 請見Freeman的《Capitalism in the Classical and High Liberal Traditions》，頁31及注27；以及Rawls的《A Theory of Justice》，頁53，54。

14. 有些人批評Murphy和Nagel的《Myth of Ownership》時，如此錯誤詮釋了他們在書中捍衛的觀點。

15. 諾齊克發現，他需要「洛克式的但書」（Lockean Proviso）後，也承認了這個一般性觀點。見《Anarchy, State, and Utopia》，頁175－82。我們兩人的差別是，他認為財產權制度的合理性門檻非常低。

16. 諾齊克以選擇結婚對象為例生動地說明了這一點，請見《Anarchy, State, and Utopia》中的〈Having a Say over What Affects You〉，頁268－71。諾齊克說得對，人們並非對任何影響到自己的東西都有權（right）置喙。但我們仍有理由反對某些定義權利的方式，因為這些方式會剝奪某些人們掌控自己生活的手段。因此諾齊克所回應的反對理由，並不需要表述成一般性權利，以致他顯得站不住腳。

17. 這就是為什麼在羅爾斯最首要、即使為了促進實現「差異原則」也不能廢除的「平等的基本自由」（Equal Basic Liberties）中，個人權利會包含「保有個人財產的權利」。請見Samuel Freeman的《Capitalism in the Classical and High Liberal Traditions》，頁19和31－2。

18. 如同Anthony Atkinson的主張，請見《Inequality: What Can Be Done?》，頁86、210。

19. 這個關於奴隸制的知名主張也出自諾齊克，請見《Anarchy, State, and Utopia》，頁169－72。柯亨所闡述的自我所有權是對於諾齊克立場的最佳詮釋，他論證道，這確實可以禁止我們課徵所得稅，即便他接著又駁斥了這個論點，反對我們在這層意義上是自己的主人。請見《Self-Ownership, Freedom, and Equality》第九、十章。

20. 我在此至少部分同意David Gauthier的主張，見《Morals by Agreement》，頁272－6。柯亨的看法和Gauthier相左，他主張自我所有權和所得稅不相容，因為「只有當人們有權設定與他人交易所有物的條件時，才對自己的物品有排他的所有權」（《Self-Ownership, Freedom, and Equality》，頁221）。如果「設定條件」指的不僅是「得到自己可以合理期待從這次金錢轉移中得到的」，也包括「得到對方願意付出的一切」，這樣確實排除了課稅。只是，我前面提到「自我所有權」的吸引力基礎，以及奴隸制錯誤的原因，都不支持這種說法。

21. 如同Philippe van Parijs在《Real Freedom for All》中的論證。

# 第八章 應得

有時候，人們會說那些擁有更多的人，本來就值得更多福利，並藉此合理化不平等。例如格里高利・曼昆*最近曾辯稱，許多執行長的高所得是因為他們的生產力值得這種待遇。[1]另一方面，在捍衛相左的結論時，應得的概念也很吸引人。舉例來說，有人可能會主張，即使支付給高階經理人高薪可刺激提高生產力，這些報酬仍屬不正義，原因在於沒有人值得因為從事這些工作而得到那麼高的報酬。這兩種主張對於符合正義的薪資推斷出不同的結論，卻有著同樣的假設：經濟回報的程度是否合理，至少有部分是以應得與否為基礎。

在這一章，我會論證我們應該拒絕這種假設。「應得」這個詞在不同的主張裡有不同的意思。如果我們仔細檢視和區分這些不同的主張，會發現當我們說一個人配得上或配不上某種經濟報酬，其實都是因為某種一般性的正義觀，而不是因為某種應得與否的概念。無論是要限制或是合理化較高的經濟報酬，應得的概念都不是個獨立的理由。要論證這個否定結論，我需要先檢視各種關於應得的主張。接著再用對它們的理解來解釋，為何應得這個概念看似與分配正義有關，又為什麼這種看似明確的關聯其實是種誤解。

* 編注：格里高利・曼昆（N. Gregory Mankiw, 1958-），美國經濟學家，二〇〇三至二〇〇五年曾擔任布希政府的總統經濟顧問委員會主席。同時也是暢銷教科書《總體經濟學》（*Principles of Economics*）的作者。

「應得」這個詞的用法有時非常籠統。說某個人配得上某一種待遇，只是在描述他應當被如此對待，或是這麼對待他符合公義。在此含糊的意義下，我們理應給一個人值得的待遇，但這根本是不值一提的事實。然而，以這種方式來理解的話，主張一個人配得上些什麼，完全未解釋到為什麼用這種方式待人是符合正義的。話雖如此，這種解釋的基礎可能符合實用主義（utilitarianism）、羅爾斯的正義論、自由意志主義，或是其他任何有關「正義需要什麼」的觀點。在這種籠統的意義下，關於應得與否的主張，其實是關於正義在某種意義下需要滿足什麼條件的主張。不管是要為支持或反對不平等的主張提供獨特的論據，這些主張都需要有更具體的道德內容。

說一個人值得某一種待遇的另一種意義是，這種待遇出於某個體制的規定。舉例來說，如果一個班級現有的評分制度規定，平均成績若高於其他百分之九十五名同學可以拿到A，那麼，高於百分之九十七名同學的話，就值得拿到A。喬爾・芬伯格（Joel Feinberg）和羅爾斯稱這種主張為「體制下應得權利的主張」（claims of institutional entitlement）。[2]

但並非任何體制都能有這種道德上令人信服的體制下應得權利主張。比方說，如果有間學校規定，學期成績最低的學生，下學期必須服務成績最高的學生。只是，達到最高成績的學生並沒有權利享受這種服務，因為該體制要求某些學生服務其他學生，根本不合理。因此，雖然體制下應得權利的主張可能是對的，但其對的程度有賴該體制有多合理，而體制的合理並不需要有獨立的應得觀來支持。也許有某種應得的觀念，可以讓體制藉由給予人們在這種獨立意義下應得的待遇而變得合理。我之後會來討論這種應得觀是否有可能存在。但目前看來，這種非體制意義上的應得和體制下應得權利的概念必須有所不同。

另一種道德上極其有力的概念，和體制下應得權利的概念密切相關，亦即「未能達到正當期待的錯誤」（wrongfulness of failing to fulfill legitimate expectations）。如果有個學生想得到A，所以努力把平均成績拚到前百分之五，但拿到平均前百分之四後，卻沒有得到A，他就有正當的理由提出控訴。這份控訴的效力所訴諸的，是該生因為期待獎勵所付出的犧牲，所以顯然會比體制下應得權利的概念更為有力。（所以，體制下應得權利是個比正當期待更廣泛的概念，因為一個人以某種方式依賴體制，並不會動搖體制下應得權利的主張。）但根據正當期待提出要求的效力，也取決於該體制本身的合理性。如果有個學生努力念書並拿到班上最高的成績，是因為他期待下學期能被成績最低的同學服務，那他就算沒得到這種服務，也無法提出前述的有效控訴。他可能有正當理由讓自己被騙去追求這種獎勵，但他沒有權利得到這份獎勵，因為提供這份獎勵的規則本身不具合理性。

要把關於應得的主張做為評估體制的基礎，我們需要先區分它們和其他關於體制下應得權利或正當期待的主張。也就是說，這些主張必須**無關體制**，不必以某種方式靠體制來合理化。

區分出來之後，我們仍需區分以應得為基礎的合理化，跟以某種方式對待一個人並造成好的影響為基礎的合理化。用剝奪「他應得的」待遇來管教孩子，和為了改善他的個性或讓他（或是他的兄弟姊妹）以後有可能表現良好而這麼做，是兩件不同的事。（所以，曼昆在適才提到的那篇文章中，便區分了基於應得與否，和基於高薪誘因帶來的良好影響來合理化高薪的差異。）因此，以應得為基礎的主張，和以需要為基礎的主張也有所不同。舉個例子，我們可以說一個人因為飢餓而應該得到幫助，或是一個人因為生病應該得到醫療照護。但這些合理化所訴諸的，是提供人們這些對待的好處。反之，主張經理人所做的工作值得更高薪資，並不需要靠「比別人更多的錢對他們有好處」這件事來支持。

而我們所尋找的有關應得的主張，是以無關體制（不依賴體制規定這種待遇的事實），也不基於這樣對待某個人所能帶來的好處為前提，討論人應該得到什麼樣的待遇。我稱這種主張為「純粹的應得主張」（pure desert claims）——亦即只根據一個人事實上的作為來決定什麼待遇合適的主張。我在這裡強調「只」（simply），是為了排除前述的兩種合理化；換句話說，訴諸體制或是這種待遇的良好影響，都不是我要的合理化。我縮小重點，並不是特地為之（ad hoc），只是為了思考，訴諸應得所需要的大概是什麼，倘使這純粹的應得主張屬於支持或反對不平等待遇的一種形式獨立論述。

我認為，這種純粹的應得主張有時是有效的。最明顯的例子莫過於關於一個人是否應該得到讚許、推崇、感謝、責怪或譴責的主張。如果有人單純是為我好而做了某件事，並付出了一些代價，這件事本身會讓我理應採取感謝的態度。一旦我表達這份謝意，幫助我的人可能會高興，或許也會鼓勵她日後繼續這麼做。但並不是這些結果讓我的感謝顯得恰當，而是單純因為她做的事，以及她做這件事所反映出的心態。同樣地，如果有人發明了重要的東西，或是達成其他傑出成就，也會促使他人讚賞和推崇，以及表達這些態度的恰當行為。如果有人毫不在意他人的福祉，或是懷有傷人的意圖，而做出傷害他人的事，那麼他人表示譴責或是停止表現友好也是恰當的。[3]

要判斷是否恰當，得依據關於這個人的事實以及相關反應的內容這兩種內在關係。例如有人全心全意幫助我，這個事實可以連結到我對她的感謝之意，以及我在適當時機幫助她的意願提升。同樣地，有人不斷背叛我對他的信賴，也可以連結到我對他的憎惡，以及我日後信賴他的意願降低。

這種負面態度會對我回應的人造成某種代價。他們會有理由在乎我怎麼看待他們，而我態度的轉變，例如變得不願意信賴他們，也可能會剝奪他們有理由想在乎我的機會。但我這麼修正對他們的態度絕對是恰當的，他們沒有理由能反對這些代價。沒有人可以無條件得到他人的好意，只有值得信賴的人才應該得到他人的信賴。所以背叛過別人的人，在道德上沒有理由抗議這些損失。

這些態度的轉變反應出一個人的性格，而除非這些性格受他自身掌控，否則轉變態度都不算恰當。[4]態度轉變是否恰當，只跟他是什麼樣的人，或是他做了什麼有關。無論他是不是自己選擇要當個不值得信賴的人，都沒有什麼規定會要求我信賴背叛過我的人。

真要說的話，自願和控制也和某種特定行動所反映的態度有關。比如說，以下兩種行為表現出的義氣即大不相同：一是，朋友在遭到刑求時透露了我因為信任而告訴他的事，另一則是他在平常聊天時，為了娛樂他人而自願透漏這些祕密。如果他是因為大腦受到某種刺激而說出這些事，那可能跟他對我的義氣或其他態度完全無關。但正是這些對我的態度本身，引發了現在討論的這種恰當或不恰當的反應。為了要有這種意義，他對我的態度本身並不需要受到他本人控制，他也不需要有相符的人格特徵。一個人是否應得某種待遇的依據，並不需要和他的言行相符。

雖然人們對一個人的態度表現顯得恰當的，正是他的人格特徵，但兩者之間的關係是規範性事實（normative fact），而非社會慣例的問題。不過，如果要判斷在某一個社會背景下，什麼行動可以視為是表達某一個回應的話，社會慣例依然派得上用場。在英文裡，「Thank you」是表達感謝的一種慣例。社會慣例也可能會決定送錢給幫助你的人是在表達謝意或是冒犯。但在討論特定回應方式為何恰當時，區分規範性事實和社會規範的角色是很重要的。

如果一個人的行為，會決定別人表達某種態度（如感謝、崇拜、不贊同或譴責）是否恰當，而對一個人做出某件事在社會慣例上，又可以認為是在表達這種態度的話，那麼一個人的行為似乎決定了別人對他做這件事是否恰當——至少共享這種慣例的人們很可能會這麼理解。就我們目前的討論來看，這種對待方式似乎是他**應得的**。

對於共享相同社會慣例的人而言，這個關於應得的結論似乎是重要的描述性事實（descriptive fact）。要了解在特定社會裡的一切是如何運作的話，我們就要把這個事實納入考慮。如同我在第三章指出的，如果某個產業的大公司總經理通常可以得到七位數的獎金，那人們有可能會認為這是他們應得的。但我們也該了解，就規範性問題來說，這種思路可能包含了不合邏輯的推論。我此時討論的這種內在規範性連結（internal normative connection），只適用於對別人的行為做出反應所表達的內容——它可以讓這些內容不致顯得不恰當。但從這種連結代表的事實，並不能讓我們因此認為，凡是根據社會慣例且具有相關表達內容的行動都合理。舉個比較戲劇化的例子：譴責偷竊的行為可能是恰當的。而在某個社會裡，人們可能會認為砍掉小偷的手表達了這種合適的譴責，因此這是他應得的；處罰如果不這麼重，是無法回應罪行的嚴重性。但這麼想並不對。砍掉小偷的手在社會慣例上對偷竊表達了程度恰當的譴責，這件事並不代表砍手的刑罰能得到合理的理由支持。[5]

應得的重要性有限，這個主張對於稱讚和推崇等「正面」回應來說看起來更有道理。一個做出重大科學發明的人獲得稱讚和推崇是恰當的。但主張這些回應恰當，並不表示這些回應要以任何特定的金錢獎勵來表達，甚至不表示要用金錢獎勵來表達。

在我看來，應得在刑罰的合理化中扮演的角色非常有限。既然刑罰包含了某種譴責，則只適合用在應該受到這種譴責的行為上。在這層意義上，刑罰必須要是一個人應得的。但應得的概念既不能用來合理化，也不能用來限制一個符合公義的體制要對特定罪行施以監禁，或是其他嚴厲處置（hard treatment）。施加嚴厲處置來懲罰特定罪行，只能靠這種政策對社會的好處來合理化，而且也有所限制：首先，為了促進這些好處而對個人施加刑罰得是公平的；同時我們也只能對得到公平機會能避免懲罰的人施以刑罰。其中後者的基礎並非應得與否；或者說，重點並不是他們應不應該得到懲罰（這裡的應得是非體制意義上的），而是因為他們選擇了做不對的事情。而且任何社會政策的合理化都需要讓人有機會去避免。如果有個政策對一群人造成負擔的目的，是為了提供某種一般性的社會福利，那麼只要有可能，必須讓他們有充分機會做出恰當的選擇，以避免承受這些負擔。[6]

這個觀點理所當然很具爭議性。即便單單表達某種恰當的譴責，並無法讓刑罰變得恰當，也可能有某些基於應得與否的理由可以讓它合理化並限制它——換句話說，某些懲罰可以只因為一個人的人格或行為而合理化。雖然我不認為會有這種事情，但我也不主張這種關於應得與否的主張都是錯的。在這個討論中，我的目的只是希望各位注意到，有一種純粹關於應得與否的主張——亦即認為某種態度恰當或不恰當的主張——可能是有效的，並指出這種主張有哪些可以合理化之處。

這個結論存在於分配正義的案例中。在經濟生產中扮演重要的角色，可能是一個人值得他人尊敬或感謝的理由。但這件事本身並不會讓金錢方面的某程度報酬變得恰當。一如我先前所言，在社會慣例上，某些人會認為，扮演這類角色的人得到這樣的獎勵**看似**恰當。只是這種以社會慣例為基礎的反應並沒有合理化的力量。而目前我所談的這類關於應得主張的特殊表達方式，對於分配比例的合理性可說是無足輕重。

然而，一如我在刑罰的例子中所提及的，雖然這種表達應得於否的主張，無法合理化特別高的經濟報酬，依然有個問題存在：在討論關於某些個人應得的經濟報酬這類更為明確的主張時，是否存在具正當性的純粹應得主張？要回答這個問題，我需要思考這些主張有哪些，並利用目前所提到的區別來衡量符合這些主張的情況。

關於應得分配不平等的論點，一種常聽到的主張是：若一個人比他人付出更努力，他就值得得到更多。如阿特金森曾說過：「公平這件事，意味著的是努力和回報之間感受得到的連結：從工時的增加或責任的增加或第二份工作中，人們至少要能夠賺取到部分應得的合理酬勞。」[7]

這段話為什麼看起來有道理？其中的答案是，樂意努力工作這件事，表現出某種值得獎勵的道德價值（**moral merit**）。一個行為的道德價值取決於主體這麼做的動機，由此，這個基本原理的要求似乎是，出於利他主義的理由而努力工作的人，其所得到的報酬，要多於希望藉此有更多收入的人。所以，這種行為未必有著曼昆等人心中所想的那種意含。

道德價值取決於動機同時引發一個難題，亦即一個人的動機是難以辨別的。由此羅爾斯引述，根據道德價值來要求回報的原則是「不可行」（**unworkable**）的，而海耶克的觀點大致上也是如此。[8]另一個問題則來自我們稍早的討論——道德價值的概念無法提供決定金錢報酬的確切標準。道德價值值得讚許和推崇，卻不能據此要求特定數量，甚至是任何的額外薪資。

此外，可能也有人會基於同樣的理由認為，獎勵道德價值不應成為經濟體制的一種功能。[9]經濟體制的「功能」可能有點空泛。但除了前述所提的理由之外，有個理由認為，依據道德價值來分配並非分配正義的適當標準，而會這麼認為在於，所謂公平的分配標準，必須提供一理由讓某些人擁有比較多資源而其他人也接受自己擁有得比較少。而道德價值似乎沒有提供此一合理的理由。也許，道德價值本身便促使一個表現出這種特質的人得到更多讚賞和推崇是恰當的。但這個理由似乎無法要求道德價值較低的人接受較低的收入。[10]

這樣的理由可能需要一個和應得主張類似，實際上卻大不相同的主張才可行。這個概念是，如果有人本來可以和其他人一樣，享有更高的收入，卻因為付出不夠而得到比較低的收入，那就沒有理由抗議低收入，因為賺不到更多是他自身的問題。雖然這段辯護聽起來好像源自「努力的人值得更多回報」，但實際上並不是，至少不需要是。其中的概念並不在應得於否，而是另一種全然不同的概念稱之為「充分的選擇機會」。給努力工作的人更多酬勞的政策若能合理化，原因並不是應得於否，而是因為這麼做可以刺激整體生產力的提升，或是藉由讓弱勢者過得更好來滿足羅爾斯的差異原則。如果是這樣的話，倘使弱勢者所處的體制已符合公義，那麼未努力工作來回應這類激勵政策的他們，也許就沒有理由控訴自己的所得少於其他人了。也就是說，在這個條件下，如果他們自己選擇不付出更多努力，這絕不算是不符公義。

相較於我在第五章討論的機會平等，羅爾斯討論這件事的段落更有爭議，不過我要再次重申，因為這不但和我們的討論有關，而且也很重要。羅爾斯當初的提問是：「在一般的情況下，即便一個人有意願努力、嘗試，好讓自己值得更高的報酬，也有賴於幸福的家庭和社會環境。」[11]從這段話可以理所當然得出（natural interpretation）兩種主張：一是，如果一個人能主張自己有意願付出更多的努力，那麼，這份努力工作的意願，便是合理化更多報酬的正面依據；但是，如果努力是因為「自身之外的因素」，如「幸福的家庭和社會環境」，那他就不能主張這是他自己的意願，此為其二。

這種說法有兩個問題。首先，我們很難辯稱從羅爾斯的話可以得出第一種主張，因為他自己曾論證過，道德上的應得無法成為分配比例的依據。[12]其次是，第二種主張源於「一個人是否應得到某種待遇，一定和他的行為符合」的想法，然我已論證過這是錯的了。

一如我在第五章的論證一樣，這段話可以有更好的解釋。如果已經有人以合理的條件提供你某種福利，而你卻在夠好的條件下拒絕這些條件，那就沒辦法抱怨自己沒得到這些福利。正義原則的重要性之一，是確定了社會體制需要給出什麼才算是「夠好」——也就是能做出具有道德約束力的選擇。這麼解釋的話，羅爾斯那段話的重點就不是「如果努力的意願本身來自（有幫助的）外在條件，則不值得獎勵」，而是「如果一個人缺乏某種福利，沒有意願努力並不會讓這件事符合公義，除非讓他無法努力的條件符合正義的要求。」如果有些人身處在「幸福」的環境，因此可以努力獲得某種福利，而另一些人身處的環境既不幸福也不公不義，且造成他們無法做出這些努力的話，從而產生的不平等會因為這種差異而不符合公義。由此可以看出，這兩個合理化不平等的依據，也就是「應得」和我所說的「充分選擇機會」之間有何不同，因為後者預設了「符合公義的條件」的標準。

另一個理由也可以解釋為何比較努力的人值得更多獎勵，那就是這種努力需要犧牲，而付出犧牲的人應該得到補償。一份工作需要比別人犧牲更多，不見得是因為需要更多努力；也可能是因為比其他工作更令人不愉快、更危險或是對健康有不良影響。所以，如果從這套理由來要求更高的報酬，受益的也不會只有高門檻的白領階級而已。

只是，在目前的討論脈絡裡，這個說法仍有兩個問題（雖然不見得是反駁的理由）。第一個問題是，這個詮釋主張薪酬不該以應得與否為基礎，而是應該如同先前的討論，以得失為基礎。第二個問題是，無論是否基於應得，補償犧牲都不是一種獨立的正義標準，而是一種局部原則，並且預設了某種更基本的標準。這個標準可能是受到傷害的人應該得到補償。但在目前的脈絡下，我假設這個相關標準是某種關於公平分配的觀念。

這麼理解的話，要求補償背後的概念是：如果要套用這種關於分配正義的相關標準，在評估人們過得多好時，則需要考慮到各種犧牲，如付出特別努力時損失的幸福等。假設這種正義的標準要求在分配過後，每個人的幸福程度都要符合特定模式（可能是平等，或是其他非平等主義式的模式），那我們就可以根據這種標準主張，唯有不考慮努力成本（或其他類型的犧牲）實際上並不符合公義時，分配結果才會符合該模式。為了實現正義，社會應該給付出犧牲的人更多其他的獎勵（如收入），以補償這些犧牲，他們才能得以回到這種正義所要求的幸福程度。如果這種正義標準要求每個人的幸福程度平等，那麼我們就可以主張，為了實現這種正義觀所要求的平等，社會需要不平等的收入。

另一種方法可用來解釋努力的意義是，認為努力代表人們出於對某種獎勵的正當期待所付出的犧牲，而我們不應該辜負正當期待。這個解釋的重點不是犧牲需要得到補償，而是符合公義的體制必須滿足它鼓勵人們懷抱的期待。只是如同前面指出的一樣，關於正當期待的主張，預設了某種體制正當性的標準。所以用這種方式來理解關於努力的主張，無法不評估體制成為一種獨立的依據。

另一種應得與否的概念如曼昆所言：「人們應該得到和貢獻完全一致的補償。」[13]如果我們清楚每個參與者的「貢獻」，這會是最有道理的一種想法。假設有兩個人合作生產一種產品，其中一人負責生產內部機構，另一人則負責設計別緻的外殼。要是產品的內部機構功能和市面上其他產品沒什麼不同，而別緻的設計卻促使銷售遠勝其他競爭者，兩人因而大賺一筆，此時，若說負責設計外殼的人對產品成功的貢獻較大，所以該分到比較多利潤，這應該是合乎情理的。

但如果合作生產的方式相對複雜，每個參與者的貢獻則難以區別。[14]曼昆似乎認為，一個參與者得到的補償是否跟貢獻「完全一致」，可以以他提出的「邊際生產力」（marginal product）來衡量。邊際生產力的意思，是把該參與者的工作增加或減少一個單位時，產品價值所發生的變化量。只是如同許多人曾指出的，邊際生產力是個純然虛擬（subjunctive）的概念，如果應用在我最前面所列舉的學期成績裡，也不見得可以呼應參與者「做過的貢獻」。[15]

假設有條生產線需要好幾名工人，但他們工作時偶爾會看不到別人在做什麼。此時，若有人站在一個看得到所有工人、所有工人也看得到她的位置，幫忙協調每個人的作業，提醒他們當下最需要做什麼的話，工人會更有效率，用等量的勞力完成更多產品。而協調作業的邊際生產力，就是在她的每個單位工時內，因為有她的指揮而多出來的產量。換句話說，在這段時間內，工人在有指揮和沒指揮下的情況下的產量差距。指揮者的邊際生產力或許會比一般工人高。但這些指揮下多出來的產品，並不是由指揮者「自己生產」的，而是其他工人在她協助下生產的。在這個條件下，一間追求利潤極大化的公司根據理性，為工人多出來的服務所付的最高工資，才是一名工人的邊際生產力。但我們也不能說，一旦工人沒有拿到這麼多，就是被騙或是「被剝奪了勞動果實」。[16]

在這個例子裡，我假設負責指揮並不需要特殊技能。她只要站在跟其他工人不同的地方，以便看到當下有什麼需要，好讓生產線流暢運作。但如果讓一個人負責這項工作是因為她擁什麼特殊技能，如快速看出如何推進生產的話，就是另一回事了。擁有這份技能可能是值得自豪的事。這種技能值得一間公司，甚至是一個社會投入資源訓練這種人才，並挑選擁有這項能力的人擔任「指揮」的角色。這個角色可能會比生產線上的其他職務更令人嚮往，因為比較不需要體力，又可以拿到「職位的權力及特權」以便發揮之前培養的能力。因此，設立這份職位以及提供擔任職位需要的訓練，都是在建構某種不平等。但比不平等更進一步的問題是：擔任這些職位的人，薪水是否應該比別人高水？或者問得更仔細一點：她該不該因為邊際生產力比其他工人更高，而領到更高的薪水？在我看來，後面這個問題的答案應該是「否」。即使需要特殊技能，「指揮者」的「邊際生產力」仍然和前面的例子一樣，是個純然虛構的概念。

由此，問題變成了一個人可不可以因為有特殊技能，而值得更多的經濟獎勵？但為什麼會這樣？又是哪些能力值得如此待遇？像是藝術、科學、工程，也許還有組織和經營管理方面的能力，都是值得我們讚賞、推崇的才能。但如同之前的論證，這並不表示它們應該得到特定經濟上的獎勵，甚至不代表它們應該得到經濟上的獎勵。

但另一方面，某些擁有特別權力、機會，甚至經濟獎勵的職位，又可以因為帶來經濟效率等好處，或是滿足羅爾斯的差異原則或其他分配正義的標準，因而變得合理。真如此的話，我們可以如第四章所討論的「由上而下」的主張，根據個人能力選擇由誰擔任這些職位，而這些擁有相關能力的人，也可以說是對得起他們被選上這件事。這裡說的「能力」，意思並不是某個人擁有什麼本質上有價值（intrinsically valuable）的特質，而是說他擁有的特徵在相關體制下，可以在某些職位上表現良好。這與其說是給他應得的報酬，不如說他是得到了體制下應得的獎勵。

我在本章節處理的問題，是「應得」的概念能不能成為一種獨特的依據，用來合理化或是限制不平等的報酬。要做到這件事，應得這個概念需要跟「本來就該（ought）拿到」這種極其一般性的概念有所區別。另外，說一個人應該得到某樣東西，既不是在說有個自成一說的體制會給他這種東西，也不是說這麼對待他會帶來好結果。當然，純粹主張一個人應得到某樣東西，有時的確合理，特別是在主張他值得被讚賞、感謝、責怪或譴責的時候。但我也論證過，無論是經濟回報的差別，或是特定的刑罰，都無法以這種方式合理化。

接著我探究了道德價值、努力、能力和貢獻等從應得與否來為額外報酬找理由的具體說法。我的策略是思考為何這幾種特質看起來都可以支持額外報酬，然後經由更仔細的檢驗，論證若想用每一個說法來合理化某些人有特別的經濟福利，都不構成理由。我並不是主張，所有關於應得不應得的主張都錯了。前面也曾提過，這些主張，大多沒有錯。我質疑的只是這些主張是否基於「應得」這種獨特的道德概念。

舉例來說，我前面以阿特金森那句：「從工時的增加或責任的增加或第二份工作中，人們至少要能夠賺取到部分應得的合理酬勞。」這段話最好的解釋，絕非是認為這是在沒有體制的情況下討論應得與否。一個正當有理的經濟制度，必須讓每個想賺更多錢的人都有機會。雖然對窮人特別重要，但這種機會對一般人或有錢人也很重要。不給人提升稅前收入的機會很不公平，而用稅收把人們多賺的錢都拿走也是在侵犯人們的正當期待，而且恐怕也說不上公平。阿特金森用努力工作、加班賺錢的人為例，極其有力地說明了後面，這或許表示，他反駁提高實質稅率（rates of effective taxation）的理由，只能用在勞動所得稅上。但一個允許人們從投資中獲利的體制本身如果是合理的，那我們也可以用放棄消費把錢拿去投資賺錢的人為例，來說明正當期待這件事。

## 注釋

1. Mankiw的〈Defending the One Percent〉；Piketty的《Capital in the Twenty-First Century》，頁331－5。
2. 見Feinberg的〈Justice and Personal Desert〉，頁81、85－8；及Rawls的《A Theory of Justice》48，引自Feinberg。
3. 我在《Moral Dimensions》第四章、《Giving Desert its Due》和近期的《Forms and Conditions of Responsibility》中，用了更長的篇幅為這些主張辯護。
4. 有關責任的主張，更完整的討論可見於注釋3中提到的作品，特別是《Forms and Conditions of Responsibility》。
5. 在我看來，關於特定經濟角色該拿多少報酬才恰當，以及每一種罪行要關多久才是恰當的譴責，美國在這兩件事上的社會慣例都經歷過災難性的道德通膨，造成了嚴重的問題。
6. 這種對「選擇的價值」之詮釋的細節及辯護，請見《What we Owe to Each Other》第六章及《Forms and Conditions of Responsibility》。
7. Atkinson的《Inequality: What Can Be Done?》，頁186。
8. Rawls的《A Theory of Justice》274。Hayek《The Constitution of Liberty》，頁93－4。

9. 我沒有否認除了體制之下應得的權利。而應得這概念就像大衛·米勒（David Miller）所指出的，仍存在其他意義（《Principles of Social Justice》第七章；頁142–3）。舉例來說，假設有個跑者在抵達終點前因一陣風吹來而失去平衡，因此沒有獲勝，但我們仍可以說她應該贏得比賽，因為她其實可以跑得更好。我們也可以說，賽事應該要安排得更好，這麼優秀的跑者才更有可能獲勝。但這是因為賽跑的目的，是要比拚運動能力。我的重點是，應得與否若和體制無關，就無法當作決定經濟報酬高低的依據。而這個重點如同米勒所指出的（，頁139–40），是關於經濟體制的本質和合理化，而非應得與否的觀念。

10. Samuel Scheffler在《Justice and Desert in Liberal Theory》中曾指出（頁191）。

11. 《A Theory of Justice》，頁74（2nd edn, 64）。

12. 見《A Theory of Justice, section》，頁48。

13. 《Defending the One Percent》，頁32。

14. 托瑪·皮凱提在《二十一世紀資本論》（*Capital in the Twenty-First Century*）中主張：「老實說，（個人的邊際生產力）已經變得近乎純粹的意識形態，以便為有些人的地位提升找理由。」（331）。

15. 請見Nozick的《Anarchy, State, and Utopia》，注187和Amartya Sen的《The Moral Standing of the Market》，頁15–17，以及《Just Deserts》。我認為，諾齊克的觀點和上個注釋所引用的最後那

句話一樣：在競爭性經濟裡，如果人們得到的報酬和邊際生產力成比例，分配結果便符合公義，但這是因為達成這種分配結果的自由交易過程，和正義的權利概念相符，而不是因為報酬和邊際生產力有什麼關係。

16. 正如沈恩在《Just Deserts》中所指出的，如果一個人的「貢獻」只是允許他人使用他的東西，這點則會更明顯。舉例來說，如果工廠和農地之間有處狹長的土地是歸某人所有，只要地主允許，工人即可穿過這塊地直接到工廠，而不用繞地而過，由此工人可以省下很多時間。雖然地主其實沒有「生產」任何東西，但以諾齊克的話用來說，允許工人穿過這塊地所造成的差別，可能會是非常大的「虛擬」、「貢獻」。

# 第九章

# 收入不平等

近幾十年來，美國和其他已開發經濟體的不平等無不大幅加深。二〇一四年，美國國內總所得（包括時薪、月薪、分紅和銷售利潤）中，有百分之二十一・二流入頂端百分之一的口袋，而且有百分之四・九是給了頂端百分之〇・〇一的人。由此顯示出，不平等的現象加劇。根據美國國會預算局（Congressional Budget Office）的統計，一九七九到二〇一四年之間，頂端百分之一的稅前收入成長了百分之一七四・五，而底層五分之一的人收入只成長了百分之三十九・七（此處所指的收入，包含社會福利津貼等由政府執行的財富移轉〔government transfer〕）。至於稅後收入的差距更是明顯加劇：頂端百分之一的稅後收入成長了百分之二〇〇・二，而底層五分之一僅成長百分之四十八・二。（底層百分之二十一到八〇之間的稅後收入成長，更是只有百分之四十。）二〇一四年後，頂端百分之一的人，平均年收入（稅前，未計入財富移轉）為六〇八七萬七千一百一十三美金，足足是頂端百分之十所有人平均收入的二十倍。[1]

不平等加劇代表了幾個不同的現象。首先，大型企業經理人（托瑪・皮凱提*稱之為

* 編注：托瑪・皮凱提（Thomas Piketty），巴黎經濟學院（PSE）、法國社會科學高等學院（EHESS）教授。專事研究所得與財富分配之間的關係，最知名的著作為《二十一世紀資本論》（*Le Capital au XXIe siècle*）。

「超級經理人」[2]）的薪酬成長；其次，金融部門的增加及其獲利能力成長，以及最後，國民所得（national income）中，以資本利潤的形式增加愈來愈高。

我在第一章也提過和第一種相關的一些現實現象。在一九六五年，美國前三百五十大企業經理人的平均薪資，僅旗下員工平均薪資的二十倍。這個比例「在二〇〇〇年衝到三七六比一。」雖然在二〇一四年降到三〇三比一，但仍「比六〇、七〇、八〇或九〇年代的任何時候都高。」[3]同時，「從一九七八年到二〇一四年，經理人的薪酬計入通貨膨脹後，成長了百分之九九七，幾乎是股票市場成長幅度的兩倍，遠遠高於同一時間內一般勞工緩慢的百分之十．五成長率。」[4]這麼嚴重的不平等顯然相當棘手。問題是，我們有必要感到棘手嗎？而前幾章討論的反對理由，能否用來解釋這件事？

首先，仔細思考基於其結果而反對不平等的理由。在我看來，前述我們理應反對的不平等，並不是因為其引發了應該反對的地位傷害。如同我在第三章的論證，美國的窮人如今確實正在承受地位差距所造成的傷害——正陷於慈繼偉所說的地位和能動性匱乏。但這似乎不是因為那些有錢人的高收入，也不是因為貧富之間的收入差距。有錢人的生活確實跟我們其他人大不相同，對最窮的人而言更是高不可攀，然而，不應以他們的生活來設定標準，對照出我們確實有理由感覺自己的生活條件不足。窮人遭受地位和能動性的匱乏的相對標準，在於他們的生活比不上「多數人」的生活條件，而不是最有錢的人的生活方式。因此這種不平等的問題，並不是因為它引發了我們應該反對的地位差距。

極端的收入不平等威脅人們取得優越職位資格的機會平等。自七〇年代起，特定程度的不平等在這段時期已成問題。一如我在第五章論證過的，要回應這個問題，需要為所有兒童提供高品質的公共教育和有利早期童年發展的條件，此外，也要確保每個人大多擁有公平的機會追求高等教育和優越職位。

達成這些條件並不容易，而不斷加劇的不平等也可能迫使政治體系更不容易實現這些條件（我接下來會再討論），如讓公立學校更不可能有足夠的資金挹注。只是，就算實現這些條件，因現今所得分配（income distribution）、頂端人士收入成長而加劇的不平等，是否真威脅到機會平等，這點也相當不明確。我在第五章也論證過，在一個算公平的制度下，富人為了讓子女得到明顯優勢的教育支出會有其限度。然而，目前這種不平等加劇的情況，可能會威脅到廣義的機會平等，亦即以創業的模式進入市場競爭的機會，因為不平等造就了一種超級富豪家族的階級，輕易便取得其他人完全沒有的資本。

接下來，我們回到政治平等的問題，那些位於所得分配最頂端的人，近年來收入之所以不斷增加，部分是因為政治決策的關係，包括法律和政策弱化了工會力量、降低對金融業的管制、稅制改革降低高收入者的所得稅累進幅度（marginal tax rate）以及調降遺產稅。這些變化始於八〇年代，顯示出當時的富人已經對政治產生了極其不當的影響力。基於此，如今不平等加劇，主要是富人對政治結果早已存在不平等的影響力所導致的。

只是，不平等加劇使得狀況更為惡化。有錢人和其他人可用在影響政治上的金錢差距愈來愈大，由此增加了一種可能性，即民選公職的觀點所反映的，是有錢人的利益，因為他們要不是本身有錢，就是他們是有錢的捐款者精心挑選過後而支持的人。這件事本身就值得反對，除了是一種政治不公平的形式外，也因為這使得政治結果更難達成平等關懷和實質機會等符合正義的要求。我認為，這是目前為止，我所探討的，反對不平等加劇的理由中，最有力的一個。

另一個有力的反對理由是，這麼高度的不平等給了富人各種我們必須起而反對的方式掌控弱勢者的生活。除了前面討論的政治影響力，同時涵蓋了他們所掌控的經濟制度。尤其是皮凱提屢次強調的第三種不平等，資本集中在少數極端富有的家庭手裡。

許多人認為，現今的不平等加深這件事本來就應該反對，正是出於這種想法，而非不平等的影響構成了這一種反對理由。要評估這個理由，我們要先回到收入不平等這件事，能否單純因為不公平就應該反對？另外，公平這個概念又該如何理解？

如果有一企業的合夥人投資了同樣的時間和金錢，那每個人分到一樣的利潤應該可以說是個公平的機制。有人可能會說，整個社會便是這麼運作的——社會是個互利的合作企業，而每個成員如同一間企業的參與者，應該按各自的貢獻得到報酬。但在這個例子中，企業均分利潤的基本原理並不能直接套用到社會整體上，其理由至少有兩個。

首先，我在此設想的企業成員是投資了同樣的時間和金錢，有些人可能也會把才能一併列入考量。反駁的理由是，這些假設和整體社會的情形並不相同，因為每個人在社會合作中所貢獻的資源和能力並不相同。而第二個反駁的理由更為根本：在社會合作中，人們並不若在企業裡，是自己加入並貢獻原有資源和才能，所以這樣類比並不合適。個人擁有哪些資源、哪些在經濟上有價值的才能，以及哪些能力會讓他們覺得有理由去發展，都是由社會體制來決定——由財產權的法律、股份有限公司等經濟組織，以及從這份架構中產生的特定體制來決定的。這些都是羅爾斯所謂社會的基本結構（basic structure）的一部分。而我們眼前要處理的問題是，這樣的架構需要什麼才會公平？所以，公平的概念不能用所有權的概念來說明，因為後者需要仰賴特定的基本社會架構。

不過，把社會成員類比為合作事業（cooperative scheme）的參與者，在回答這個問題時仍派得上用場。討論時，需要考量到社會成員的利益，特別是分到更多社會合作成果這項利益；在判斷社會合作該有什麼樣的規範時，也要平等考量每個人的利益。但我們不用在最一開始便假設每個人必須分得一樣多，只要在回答要以什麼樣的程序來決定如何分享利潤時，公平考量每一個人的利益即可。

羅爾斯在《正義論》（*A Theory of Justice*）中論證「差異原則」時，曾提出這種形式的概念。他主張，如社會中合作的成員在「不清楚自己會在社會上身處什麼位置」的條件下選出一種分配原則，那這種分配原則會是公平的。[5]他把前述這個概念整理成更明確的「原初狀態」（Original Position），並認為，當人們處在原初狀態，便能選出符合正義的原則。[6]

根據羅爾斯的定義，原初狀態上的各方，都是特定社會地位的公民或公民代表。雖然說是要挑選出符合正義的原則，但他們的動機只是想為自己或自己代表的人盡可能爭取利益。但有一面「無知之幕」*會讓他們無法得知，自己所代表的才能或地位在社會上將有何待遇。動機的假設促使他們在選擇分配原則時，考慮到每個人都想分到更多這點，而無知之幕則促使他們在決定要使用什麼樣的分配原則時，把每個人的利益都放在平等的地位。

羅爾斯論證道，在這些條件下，站在原初狀態上的各方沒有理由接受一個會讓某些人陷於弱勢的原則，而是會選擇平等的分配原則。因此，如果有個原則要求所有社會地位的人都獲得平等報酬，當然會是第一解決方案。但每個人也都有理由偏離這個「平等基準」

（benchmark of equality），因為在基本的自由等因素不受影響的假設下，如果不平等不會讓自己過得更糟，大家也沒理由反對。因此羅爾斯的結論是，處在原初狀態上的各方，將會選擇他的差異原則來做為分配正義的標準。這個原則認為，唯有當基本結構S內的不平等可以讓社會最底層的人過得更好——換句話說，唯有當任何其他結構都會讓現在最底層的人過得更差時，S這個基本結構才符合公義。[7]

如果有一種辦法，可以讓現行制度下各執行長的收入變少，同時讓工人的收入增加，或者至少不會變少的話（理論上如此），那差異原則即解釋了為什麼我前述的不平等是不公不義的。只是，卻也留下一個未解之謎。很多人即使不接受羅爾斯差異原則的要求，或是不接受其背後的論證，依然認為我們應該反對這麼嚴重的不平等。有個解讀方式是，他們也許不確定公平實際上需要什麼，而他們認為不管公平該怎麼解釋，這樣的分配結果都談不上公平。[8]由此引起兩個問題：我們有沒有其他理由可以解釋，這種不平等有哪裡不公平到應該反對？這種解釋和羅爾斯的解釋之間，又有什麼關聯？

---

* 編注：無知之幕（Veil of Ignorance），羅爾斯在其《正義論》中解釋，當一個人不知道自己的社會地位、階層，也不清楚自己的喜好及追求時，其決策就是毫無偏見。而所有人都處於這「無知之幕」時，他們所公認的社會契約，就是正義的。

我和羅爾斯一樣，咸認為不平等是存在於群體之間的關係，所以當我們反對不平等，針對的並非不平等本身，而是造成不平等的體制。[9]在我看來，不太可能會有某種特定的模式，可以把複雜經濟活動所產生的財富分配得符合公義。即使是在單一企業裡，我也不覺得一般來說，管理階層、勞工和股東之間該怎麼分配財富，這個問題會有什麼標準答案。不如說，只要產生不平等的機制無法以正確的方式合理化，不平等就是不公平，且應該反對。[10]

因此我打算從這個觀念討論起：如果有個體制會產生嚴重的收入和財富差異，卻沒有充足的理由可以支持，那就是不公平。這種不平等可以被形容為「任意的」（arbitrary），意思是缺乏恰當的理由來合理化。以此為起點，我們可以確定哪些是、哪些又不是支持收入不平等的好理由，以便豐富「公平體制」這個概念的內容，或是至少限制其用途。（也就是說，當適用這些理由的時候，追求更高度的**平等**沒辦法合理化。）接下來，我會先思考哪些理由可能會合理化導致稅前收入不平等的體制，然後再回到收稅的問題。

稅前收入來自基本結構中的某些要素，亦即第七章提到的「預先分配」制度；若想合理化這些要素，必須考慮所有仰賴這個制度生活的人，各自有什麼理由想要分得更多資源，[11]另外個人自由也是考量之一。這些理由包括想要有更豐富的選項可供選擇，以及反對被他人控制，不過除了這些以外，還可能有哪些理由呢？

在第四章，我們討論過擁有不平等優勢的職位，並為這些職位提出三層辯護；在其中的第一層和第三層，我「為了論述的完整」，同意它們可能有部分是建立在獨立於體制的財產權或應得這兩種概念上。但在接下來的章節中，我已經用論證排除了這些可能。我在第八章論證過，「獨立於體制的應得」這種概念無法合理化不平等；我也在第七章論證過，「非體制的財產權」無法成為合理化或批判經濟體制的基礎。可以用來做為合理化基礎的理由，反而都是一些個人利益，例如想要確保各種私人財物安全無虞的理由，以及根據這些利益所合理定義出的權利——人們是因為這些利益，才認為自己擁有那些獨立於體制的權利。

諾齊克用張伯倫舉例便說明了這一點。張伯倫和球迷間的金錢轉移，或許會加深不平等。但一如諾齊克所言，只要這種稅前收入的不平等，是因為張伯倫行使自己的權利，決定要不要為酬勞打球，以及球迷行使自己的權利，決定要不要花錢買票看球的話，我們便有強力的理由不去干預這件事。（而對張伯倫的收入課稅是否正當，就像我在第七章論證的，是另一回事。）

這也許解釋了比起企業經理人和金融家，為什麼許多人並不那麼反對體育和娛樂明星擁有高收入。並不是因為如曼昆所言，[12]明星的稅前收入看起來是他們應得的（意思是，應得與否比體制的規定更是先決條件，而且可以用來合理化這些由體制得來的報酬）。不如說，人們覺得這看起來沒那麼應該反對，是因為就像諾齊克對張伯倫收入的設想一樣，這些稅前收入完全是消費者自願付錢給提供服務的人，而干預你情我願的金錢往來當然是錯的（跟法律創造了智慧財產權，以及有線電視被壟斷沒什麼關係）。

如果不平等是因為人們行使了經濟生產所需要的權利及權力，那也可以因此合理化。基本結構並不只是負責分配一些獨立存在的利益而已。[13]它也會創造和鼓勵一些生產物質利益需要的互動形式，因此也是一個生產利益的系統。所以原則上，只要生產利益需要某些要素，即便這些要素會產生不平等，不平等也是可以變合理的。[14]但問題在於，享用這些利益的是誰？一個權利制度會促進經濟發展，如提升國內生產毛額（GDP），並不代表我們可以這件事來支持它，而不用計較增加的利益如何分配。比如說，如果有個制度保障了一些能促進生產的權利，因而也促進了經濟發展，但增加的利益卻進到總統口袋（而這是有辦法避免的），那我們就沒辦法以經濟發展為由支持這個制度。因此，僅以從不平等中獲利的人可以用某種方法讓每個人都過得更好，而抵銷掉有人成為輸家的事實，這種說法遠遠不夠。[15]若基本結構中有什麼要素會產生不平等，至少必須讓經濟制度的運作方式能**確實**改善每個人的生活。

這兩個比較可能的理由，可以組合成一個**必要**條件，要求產生嚴重不平等的基本結構先滿足它：除非消除這些不平等必須侵犯重要的個人自由，[16]或是一個對所有人有利的經濟體系要有這種不平等才能運作。如果沒有這些理由支持，不平等只會對特定經濟地位的人有利，其他人沒有理由接受。前面也提過，這種制度產生的利益是「任意」的，因為我們沒有充分的理由任由某些人得到比他人更多的利益。

對羅爾斯「產生不平等的制度必須『對每個人都有利』」這一觀點而言，這種兩者只須滿足其中之一（disjunctive）的條件，也是種相對無力的解釋方式。[17]而他自己的解釋也是差異原則相對有力。差異原則要求產生不平等的制度不只利及所有人，更要盡可能利及弱勢者。如果一個制度產生的不平等，能以利及弱勢的方法來減緩，那原本的不平等就「過頭了」。[18]不過，即便是我所提的這種相對弱化的要求，依然相當強烈。這足以解釋，為什麼很多人雖不接受羅爾斯那麼有力的原則，仍舊認為應該反對本章一開頭提到的那種不平等。他們認為這些不平等並不公平，因為這種不平等是來自只對富人有利的經濟制度要素。

這種看法正確與否，取決於以下兩個經驗事實：一是經濟體制如何運作，二是當它們發生改變時會如何運作。一般來說，我提的這種公平概念都會造成這種結果。不若其他用特定結果模式來判斷公平正義的概念，我的概念是根據一些複雜的經驗問題來得出結論，如經濟體制如何運作，以及它們在不同安排下如何運作。（羅爾斯的差異原則也有同樣的特點。）

因此，相較於前幾章是比較徹底地檢視各種條件的規範性，接下來對現今這種不平等的討論，會比較近於推測。我的目標是從我所提出的觀點，找出當今的收入不平等，要仰賴哪些經驗性的主張才有合理化的可能。

本章開頭所述的收入不平等包括幾個不同的現象：勞工和管理階層的收入落差增加、金融部門的規模和獲利增加、回歸資本的資源變多，以及遺產繼承的額度提高。我會先致力於第一點。收入差距來自兩種因素：一是決定和壓低勞工薪資的因素，二是決定和允許提高經理人薪酬的因素。我們先從影響最高收入的因素開始。

大型企業經理人的薪酬，從七〇年代起便不斷大幅增加。從當時至今，整個經濟已經有了很大的變化，包括科技變遷、全球市場成長和大型企業規模擴張。有人會宣稱，企業規模擴張促使經理人的邊際生產力隨之增加，於是調漲他們的薪酬變得合理。然而，這個理由沒什麼效力，原因有二：首先是皮凱提的觀察，這麼高階的經理人，邊際生產力本來就很難確定。[19]再者更根本的是，即使我們可以在這種純粹虛擬的意義上，衡量出經理人的邊際生產力，亦即衡量出他們做好做壞有什麼差別，這種純粹虛擬的邊際生產力，仍無法合理化高額報酬。正如我在第八章的論證，雖然去掉一個人的工作確實會有差別，但我們無法依此判定，這份差別要算成是他的生產成果，或是要歸給其他參與生產流程的人。

前面說過，一個經濟制度中會產生嚴重不平等的要素如果要合理化，就要能夠利及所有人。公司需要有權力選擇聘用哪些經理人，以及決定給予多少待遇。從這點或許可以主張，目前的經理人薪酬上升，是企業正當行使這些權力的結果，因為吸引人來擔任這些工作並表現優良，需要更高的報酬。然而，正如喬許・比文斯和勞倫斯・米塞爾*所指出的，有證據顯示，即使在不同的薪酬規範下，經理人普遍薪酬較低，這些職位仍然能吸引到人才。[20]此外他們也指出，影響大型企業執行長的薪酬漲跌的，是他們任職企業所屬領域的整體股價，而非該企業在同業之間的相對表現。所以這麼高的薪酬並不是在獎勵經理人所做的經營決策品質，而是獎勵他們有幸在多數公司業績都不錯的經濟部門任職。

科技變遷、全球市場成長和企業規模擴張對所有工業化社會都有影響。只是在某些社會裡，高階經理人薪酬提升的幅度遠甚其他社會：一般而言，漲幅最大的多屬英語系國家，其中又以美國最嚴重。[21]所以或許皮凱提所暗示的有其道理：近來經理人的薪酬成長，主要是受到這些國家的影響，影響的層面包括人民認為這些職位領多少薪酬是常態，以及長久以來

* 編注：喬許・比文斯（Josh Bivens）為華盛頓特區經濟政策研究所（Economic Policy Institute，簡稱ＥＰＩ）研究員，研究領域為經濟全球化、金融政租等。勞倫斯・米塞爾（Lawrence Mishel），為前ＥＰＩ總裁、知名勞工經濟學家。

這些常態的變化。思考經理人的薪酬增加是怎麼來的，這種想法很有道理——企業通常聘用外部顧問組成薪酬委員會，這些人會根據「幾近同等級的」企業會提供經理人多少薪酬，而對「合理」的薪酬方案提出建議。[22]

雖然我們應該反對由此而來的不平等，只是這個結論並不是因為我們假設，經理人的薪酬都來自某種腐敗的私相授受。即便薪酬委員會和這些經理人真的各自獨立，而且根據自己認為客觀合理的標準來運作並決定經理人薪資，也和我說的狀況毫不衝突。無寧說，重點應該是他們薪水上漲的機制缺乏合適的理由支持。用這麼「鬆懈」的機制來決定經理人的薪水，不但無法保證公司運作良好，改變它以減少不平等也不會對個人自由造成任何應該反對的侵害。

這個反對理由不只適用於美國最大型企業的經理人薪酬。許多人（包括大學教授）的收入依據，可能也同樣源自社會慣例，而非各種體制順利運作的需要。只不過執行長薪酬的特別之處，是他們的收入實在太高了。這也暗示了用「任意」理由來反對不平等的力道，和它所反對的不平等程度是成正比的。

若經理人的高薪合理化欠缺理由，其所衍生的一個結果是，原本阻止社會對這些收入課稅的理由，比如妨礙經濟效率，都會失去基礎。但另一個問題是，有什麼理由可以對這些收入課以高稅率？第一個強而有力的理由是，整個經濟制度要能夠合理化，需要一些公共財來滿足某些必要的條件，如平等關懷和實質機會所要求的各種條件，而社會需要稅金才能為這些公共財買單。（稍後將針對這個部分詳談。）美國高收入者的稅率累進幅度，從七〇年代以來便持續下降，這也導致整體稅收減少，政府變得更難滿足這些要求。光是對收入最高的人課更多的稅，仍不足以解決這個問題，但任何合理的解決方案都需要這一步。

要對收入最高者提高稅率累進幅度，第二個可能的合理理由是為了減少不平等的負面後果，如對政治制度的影響。不過既然我已經從這些影響討論過反對不平等的理由，在此就不再贅述了。

第三個可能的合理化方式是，我們需要對高額所得課稅，來防止本身缺乏公平的不平等。值得一提的是，這個理由雖然偶爾奏效，仍然很具爭議；就算我們是出於平等主義式的理由才課稅並「重新分配」收入，也不需要為了走這條路而找理由。這種合理化的方式主張，當不平等本身缺乏公平時，稅收要能夠重新分配一部分的收入，基本結構中那些造成稅前收入不平等的要素才能合理化，而這一套說詞若要合理，需要先解釋為何不平等的稅前收入原本是合理且無法限制的。

我們現在討論的經理人薪酬或許能當成例子。公司需要有職權負責決定該雇用誰當經理人，以及該付他們多少錢。如果無法節制這些職權，防止高層薪酬不合理增加的話，那麼要抑制由此造成的不平等（假設我們有理由這麼做），唯一的手段可能是對這筆收入課重稅。如果像某些人提出的，[23]經理人薪酬上漲的原因之一，是稅率累進幅度從八〇年代以來不斷下降，變相鼓勵了他們尋求更高的薪資和分紅，那麼提高稅率便可減少這種鼓勵，從而抑制漲勢。

接下來，我要更全面的討論影響勞工和窮人收入的因素有哪些。在我現在提出的框架底下，我們所要處理的問題是：壓低勞工和最底層的百分之十的窮人收入，導致不平等加劇的那些因素，是不是維持經濟生產力，讓包含他們在內的所有人得利所必須的？在當今美國的經濟制度下，決定勞工能分到多少企業收入的方式有兩種，一種是公司和個別勞工進行談判，而後者的議價能力多半很低；另一種則是由公司和工會進行集體談判，此時勞方可以用罷工當作後盾。這意味著不平等的程度有很大一部分是取決於工會的效能，而勞工薪資相比過去更難提升，至少有部分原因是法律與政策削弱了工會實力。[24]考慮到很多窮人都沒有工作，工會實力弱化並不是窮人近幾十年來普遍愈來愈慘的唯一原因，但仍是一個很重要的因素。[25]

對此，有人會主張，若工會的權力增加，將妨礙經濟效率，如勞工得以阻止提高生產效率的改革。而我先前也說過，這可能是一個限制工會權力的理由，即便壓低了勞工的收入。

但德國等其他國家的經驗指出，為建立一個運作順暢的現代經濟體，削弱工會以致勞工只能分得這麼一點收入的作法其實沒有必要。只是就算為了提高生產力，非得讓這些減少勞工談判實力和收入的因素存在，從我的主張來看，生產力仍是必須對每個人（包括收入因此減少的人）都有益，才能合理化因此所造成的不平等。前面引用的數據顯示，收入最低的族群實際上並沒有分得這幾十年來因生產力而增加的收益。二〇一五年，美國所得分配最低的百分之五十男性的實際稅前收入（**real pretax income**），並沒有比一九六二年高。[26]

也許有人會主張，由於國際競爭的關係，勞工並不會因為更高的薪資而過得更好，企業反而提高了生產成本來雇用這些勞工，以致失去競爭力，最後工作機會消失，而我們此際所談的這些好處，成本也相對提高。即使這個理由可以合理化勞工的低工資，也無法合理化**低收入**。要是企業可以靠低工資維持獲利，亦可藉由勞工持有公司的股份，或是分享由國家成立經營的基金（**sovereign wealth fund**）等方式，和勞工一起分享這些獲利；這些方法所產生的獲利可用來補貼收入、實行本書中提過的各項措施，或是提供更好的醫療、大眾運輸、免費高等教育等更高水準的公共服務。這麼一來，勞工的生活水準就不用那麼仰賴個人收入。[27]

這個問題不只是收入分配不公，而是更廣泛的，經濟生產力成本分配不公。為了讓經濟有效運作，企業需要可以隨市場條件的變化雇用和開除員工。只是我們沒有好理由只由勞工背負經濟彈性的代價。只要是錢的問題——低工資和失業造成的收入短缺——都可以失業福利或是保障最低收入（guaranteed basic income）等制度來應對。不過這不只是錢的問題而已。每當有工廠關閉，或是企業的生產方式有所變動，都有人可能會被解雇，失去對自己生活的控制力。為失業的勞工安排有效的轉型培訓（retraining），可以多少減輕這個問題。但也要有工作符合完成培訓的勞工，這套方法才算有幫助。因此，有實質意義的解決方案仍需要加上配套的貨幣和財政政策，以刺激需求並增加工作機會。

總結以上討論，由特定一群勞工背負經濟生產的代價，會產生不平等；要阻止或至少緩和這種不平等，至少需要三種措施：財務上的緩衝，如失業津貼或保障最低收入；失業勞工有機會參與實際的轉型培訓，以習得新技能；以及用更一般性的經濟政策，為取得新技能的勞工提供新的就業機會。為了提供這些福利而收取稅金，可以從我提到的第一個理由來合理化：為了維持一個整體來說具合理性的經濟制度，社會需要這筆稅金。這些措施可以取代現行制度，勞工因而過得更好。透過這個主張，我們得以控訴，目前壓低勞工收入的政策造成了不公平。

前面區分過三種反對不平等的理由，此時，這些理由終於交會。這些理由反對的是以不合理、因此也不公平的方式來分配生產效率的代價。培訓勞工獲得新技能這種作法，不只符合公平的要求，也符合第五章所討論過，那些支持實質機會要求的理由。人們想要可以選擇職涯和學習所需技能的理由，不會在找到第一份工作之後消失；無論他有沒有繼續做這份工作，理由都會持續終生。[28]另外，如果現代政府的義務之一，是管理經濟、提高生產力並為公民提供就業，那麼當政府讓某個經濟部門或國內地區的勞工，因為科技和市場變遷而不如其他人容易找到工作，則違背了第二章討論的平等關懷要求。當然，平等分配經濟生產成本的方法難尋。[29]但是，如果不先有實際的政治意志（political will），我們連開始尋找都沒有辦法。而當工會的政治力量這麼弱，經濟不平等又像第六章討論的一樣，妨礙著勞工的政治影響力，政治意志也不太可能產生。

前面談的經理人和一般勞工之間的不平等，只是近來不平等加劇的其中一個面向。另一個問題是金融部門從業者的收入逐漸提高。我認為剛才描述的規範性架構也可以用來處理這個議題。至於問題的解答，則取決於在經驗上，社會到底有多需要一處機構來負責籌畫和分配資本、對銀行等金融機構施加管制，以及某些此處無法深入探討的金融工具。[30]

不過，我仍打算談談這個架構如何套用在最後一種不平等來源，也就是遺產繼承上。當然，我們的討論會從這個觀念開始：如果一個人終其一生所累積的資產是用正當手段得來的，那麼，他有權像平常恣意花錢一樣，將這份資產傳給子女。只是，用這麼簡單的方式來陳述這項主張，顯然把人在身後轉移資產的權力，看得太理所當然了。當然，想要子女過得更好，也是人們工作存錢的主要理由之一。所以從自由的基礎來看，我們著實有理由允許人們如此轉移資產。只是相對地，我們也有理由為了限制不好的影響而努力遏止不平等。這些理由之所以愈來愈有力（同時間，允許資產世代轉移的理由可說是愈來愈弱），和整個社會的資產轉移規模無關，而是因為每個人得到的資產有著落差。

因此，對遺產繼承人課稅，可能比直接針對該筆資產課稅，更適合用來減少不平等，以及限制資本控制權的集中。我們似乎也沒有理由不對贈與和遺產課稅，一如針對其他收入來源課稅。[31]雖然遺產稅和其他稅金一樣，需要有合理化的理由，但它們跟我前面討論到的理由其實沒有不同。我們需要有稅收才能滿足實質機會和平等關懷的要求，同時這樣也可以限制不平等加劇，遏止那些不好的影響。

如果重點是不讓資本控制權集中的話，如皮凱提所說的，針對財富本身課稅相對比較合適，而非從兩代之間的轉移來課稅。[32]而如果重點是經濟控制權，那就可以集中對資本——也就是任何跟經濟控制權有關的財富形式——課稅，而非對自有住宅之類的一般財富課稅[33]。

本章開頭，我先是聚焦在一棘手的事實，即有錢人和大型企業經理人的收入已是窮人和一般勞工的好幾倍。這樣的比例以及漲幅，是相當棘手的。而我接著論證，其中的問題並不是這中間的比例，並解釋其何以棘手的原因也不在於前者收入到底應該是後者的幾倍。問題在於欠缺理由讓這種收入差距合理化。而我也指出了為什麼不合理。

羅爾斯的差異原則也是以同樣的方式來辨別公平正義的問題。它沒有具體說明不同社會地位的人應該期待自己的收入必須是別人的幾倍，而是具體說明會產生這種不平等的體制要如何才能合理化。他的原則也適用於我認為不公不義的收入不平等。不過，就算不接受羅爾斯這種強烈的原則，也可以得到這個結論。我提出的必要條件雖然相對弱，卻可以得到一樣的結論：合理的不平等，必須是人們行使個人自由不可避免的結果，或是起因於其所需的經濟制度要素，必須發揮利及所有人的功能。

雖然這個主張的基本原理較弱，仍可以自然而然的得出跟羅爾斯的強烈原則極為相似的結論，也就是合理的不平等不只要對弱勢有利，也必須盡可能讓他們得利。[34] 即便基本結構裡產生不平等的要素可以讓所有人都得到某種程度的利益——其結果可能是柏拉圖改善*——即便如此，收入分配仍相當不公平。根據我先前提到的觀點，這之中的不公平在於，其實有其他方式可以達成一樣的生產效率，而利益的分配卻會更加平等。如果沒有其他

* 編注：柏拉圖改善（Pareto improvement），意指社會可在不損害其他人的情況下，讓某些人的福利增加。

理由，這些產生不平等的要素會是「任意的」。所以，如果要消除所有前述那種任意的不平等，最後的結論都會是我們應該採取類似羅爾斯差異原則的分配方式。但如果只是要譴責現存的這種不平等，並不一定要遵循這個結論。

如果一個社會不存在我所敘述的這些反對理由，那它的收入不平等會發展到什麼程度？答案取決於我們在經驗上所知，經濟體是否有其他組織方式的可能性。我猜想，這樣的社會不會有太過嚴重的不平等？至少不會比二十世紀中的美國更為嚴重，更不用提自此以後，我們所目睹的社會了。

## 注釋

1. 數據來自美國國會預算局和Emmanuel Saez的〈Striking it Richer: The Evolution of Top Incomes in the United States (Updates with 2014 Preliminary Estimates)〉。參考網址：Inequality.org
2. 《Capital in the Twenty-First Century》，頁298－300。
3. Lawrence Mishel和Alyssa Davis的《Top CEOs Make 300 Times More than Typical Workers》，頁2。
4. Mishel and Davis的《Top CEOs》，頁1－2。
5. 《A Theory of Justice》section 4, 2nd edn，頁15－16。
6. 詳見《A Theory of Justice》第三章。
7. 《A Theory of Justice》（第二版），頁72。羅爾斯也要求，有特別好處的職位應該「在機會公平均等的條件下開放給所有人」，這個要求我在第四、五章也討論過。
8. 我很感謝柯恩那一席益助良多的討論。
9. 羅爾斯寫過：「差異原則並沒有定義優勢者及弱勢者應該分配到的比例限制。」（《Justice as Fairness: A Restatement》，頁68）。皮凱提也寫道：「我要堅持這一點：關鍵的議題在於怎麼合理化不平等，而不在於它是大是小。」（《Capital in the Twenty- First Century》，頁264）。

10. 我在第一章說過，我並不同意柯亨的觀點。他認為，不平等如果不是來自因為弱勢者自己的選擇，那無論是否來自體制，不平等本身都是不公不義的。而我的觀點是，收入不平等正義與否，可以依據這些造成不平等的體制性政策帶來什麼結果，以及替代政策能帶來什麼結果來判斷。我覺得，這跟柯亨認為正義相關原則不太受事實影響（fact-insensitive）的特性其實沒有衝突。（見《Rescuing Justice and Equality》第六章。）我提出不平等若要合乎正義，必須有和其結果相關的事實來支持，我同意這個原則本身也不太受事實影響。（雖然我是契約論者，我也相信有些基本的道德原則很容易受到事實影響。）我和柯亨更根本的分歧在於，哪一種不容易受事實影響的原則才正確？由此衍生出來的另一個分歧是，關於正義的非根本性結論，又要依賴哪些事實？這部分請見本章的注釋20。

11. 在判斷一個基本架構是否合理時，需要考慮到哪些人的理由？答案是：凡是受此架構的要求所管理，生活的各個面向都由此架構提供的條件和機會決定的人，都要被考量在內。簡單來說，如布坎南所言：「鎮上只有這場比賽。」（《Rules for a Fair Game: Contractarian Notes on Distributive Justice》，頁130）。這包括經濟體中有所得的各種職業地位的人，如勞工、經理人和大股東。此外也包括了無薪工作者，如那些照顧他人以讓社會得以持續運作的人。兒童、殘障的成人或是退休者也在此列，因為他們並不代表個別的族群。童年和老年都是人生的正常階段。所以我們有理由去照顧並提供良好教育給兒童，以及關懷年長的人們；至於殘障，每個人都有可能發生。我們要考慮到的也包括像是van Parijs想像的馬里布衝浪客（請見《Why Surfers Should Be Fed: The Liberal Case for an Unconditional Basic Income》）等這些不事生產的人。不過，把他們考慮進去並沒有回答到這個問題：社會是否應該提供不工作的人基本收入或其他公共福利。要回應這些人的理由，也許只需要讓他們在夠好的條件下，選擇工作賺取收入就可以了。（關於「意願」的討論請見第五章。）「夠好的條件」則解釋，為什麼把工作意願當成衝浪客領取公共福利的條件是符合公義的，但以此要求在黑人貧民窟這種不良環境長大的人卻是不公不義。（見Tommie Shelby《Dark Ghettos》第六章。）

12. 見《Spreading the Wealth Around: Reflections Inspired by Joe the Plumber》，頁295。

13. 這個指控來自諾齊克，他錯認為這可以當成對羅爾斯的批評。見《Anarchy, State, and Utopia》，頁149－50。

14. 馬克思在這段話中提出過此觀點：「無論消費方式為何，任何分配方式都只是生產條件本身分配的結果。」（《Critique of the Gotha Program》，頁531）。羅爾斯在強調自己並非要提出一種「分配正義」的標準時，也提過類似的觀點。見《A Theory of Justice》，頁56、77和《Justice as Fairness: A Restatement》，頁50－2。

15. 這種稱為「卡爾多—希克斯式的補償」（Kaldor-Hicks compensation）。請見J. R. Hicks的〈The Foundations of Welfare Economics〉《Economic Journal》49（1939），頁696－712；以及Nicholas

Kaldor的〈Welfare Propositions of Economics and Interpersonal Comparisons of Utility〉《Economics Journal》49（1939），頁549–52。

16. 如同第七章的定義。

17. 《A Theory of Justice》section 12。這可視為一種更高階版本的平等關懷要求：「更高階」指的是可以套用於整個經濟制度，而非特定政府政策。

18. 《A Theory of Justice》（第二版），頁68。

19. Piketty的《Capital in the Twenty-First Century》，頁330–1。

20. Bivens和Mishel《The Pay of Corporate Executives and Financial Professionals as Evidence of Rents in Top 1 Percent Incomes》，頁63。由於這些職位本身就很令人嚮往，即便沒有高額的金錢報酬為誘因，人們也有好理由追求這些職位。所以即使有什麼政策堅持不提供這種報酬，這些職位也極不可能欠缺申請者。基於這個事實，根據我提出的解釋，提供巨額報酬的政策就是不合理的。因此，屈服於柯亨在《Where the Action is》中提到那種富人的要求，便是不公不義的。但我不認為這個結論會是問題（端視有才能的人如何應對堅持不提供這種報酬的政策）。雖然柯亨可能不會同意。

21. Piketty的《Capital in the Twenty-First Century》，頁315–21。

22. 如同第三章的討論。請見Bivens和Mishel《Pay of Corporate Executives》，頁64。關於經理人薪

資上漲的可能解釋，請見Lucian Bebchuk和Yaniv Grinstein《The Growth of Executive Pay》。

23. 見Piketty的《Capital in the Twenty-First Century》，頁509–10、Atkinson的《Inequality: What is to be Done?》，頁186。

24. Bruce Western和Jake Rosenfeld估計，在一九七三年到二〇〇七年間，工會數量的減少導致收入不平等約莫加重了五分之一到三分之一。見《Unions, Norms, and the Rise in U.S. Wage Inequality》。有趣的是，他們還發現如果一個地方的工會增加，當地未加入工會的勞工工資也會上漲。他們指出，這有部分是因為工會促使勞動市場形成了規範，「將勞動市場當作一個社會體制來維持，如此一來，同酬的規範也會改變工會以外的工資分配。」感謝貝茲讓我注意到他們的研究。

25. 另一個可能的因素，是各個市場中企業的數量也減少了，勞工之間的競爭隨之減少，壓抑了勞工的議價能力和工資。請見經濟顧問委員會（Council of Economic Advisers）的二〇一六年政策簡報《Labor Market Monopsony: Trends, Consequences, and Policy Responses》。這個問題需要靠反托拉斯（anti-trust）政策來解決。

26. 見Piketty、Saez和Zucman的《Distributional and National Accounts: Methods and Estimates for the United States》。

27. 阿特金森從這個角度討論過由國家經營的基金，請見《Inequality》，頁176–8。他同時指出

（頁161）過去讓勞工持有更多股份的代價之一，是部分股利會被分出，變成金融服務公司的傭金。

28. 如同Fishkin的主張。請見《Bottlenecks》，頁220等及其他著作。

29. 相關提議見Atkinson《Inequality》，頁132、237－9。

30. 概述請見羅斯福研究所（Roosevelt Institute）的報告《Defining Financialization》。

31. 如Murphy、Nagel的建議，見《The Myth of Ownership》，頁159－61。

32. 《Capital in the Twenty-First Century》第15章。

33. Atkinson強調過其中區別，請見《Inequality》，頁95。

34. 「極為相似」有部分是因為我大致上同意，前面所指出那兩種自由的考量可被納入支持和反對各種基礎結構要素的理由中，而羅爾斯差異原則裡所說的社會基本益品，只包含某些特定的「基本自由」。但這個差異其實很小，因為後者也包含持有個人財產等重要的個人自由。請見《Capitalism in the Classical and High Liberal Traditions》，頁31以及注27，和Rawls的《A Theory of Justice》，頁53、54。

# 第十章　結論

本書所提出的平等觀點多元，且和不同群體之間的關係相關。我堅信反對不平等的理由多樣，而這些理由取決於不平等如何影響，或是如何自人與人之間的關係中產生。在前面幾章，我仔細探究了這些反對的理由：反對違背平等關懷（第二章）、反對地位不平等（第三章）、反對干預經濟和政治體制的公平（第四、五、六章）以及反對會產生大幅分配差異的經濟體制（第九章）。在最後這一章，我會重新整理這些分析所得出的結論。

## 一、不平等的多元型態

多元觀點的好處之一是可以區分各種不平等之間的差異。除了最有錢的那群人和我們這些一般人之間的不平等，在過得不錯的人和赤貧階級之間、種族之間的不平等，以及男女之間各種不同形式的不平等。這一切的不平等都是應該反對的，然理由卻各有不同，不只是因為它們無不侵害到「人人對前景的期待應該平等」這個單一要求。

最有錢的人和社會上其他人之間的不平等，一如第九章的討論，起因於經濟生產的成本和利益分配不公平。這也導致人們沒有平等的途徑來取得影響政治的重要手段。

種族不平等所涉及的令人反對之處，包括地位不平等、經濟機會缺乏、得不到平等的教育和其他重要的公共服務，以及司法制度不平等的對待。此外，他們也被排拒在外，無法取得影響政治的有效手段，包括在很多時候，完全沒有投票權。性別不平等令人反對之處，也包括地位不平等和缺乏平等的經濟機會，原因包含就業和求學中的不公平待遇，以及家庭責任的不平等分配。除此之外，歧視也一直妨礙女性取得有政治影響力的職位，從而使這種狀況延續下去。

赤貧階級的苦難來自缺乏經濟，也因為欠缺教育機會，以及其他重要的公共服務不夠充足，如醫療照護。這種問題一直存在，部分是因為在政治制度上，沒有人可以充分代表窮人的利益。窮人也無法掌握在生活中占有一席之地的部分。他們的工作生涯受制於他人，少有選擇職業的機會，同時也承受慈繼偉所說的能動性匱乏和地位匱乏之苦。

雖然我所列舉的不平等案例都屬一個國家境內的不平等，但不代表我提出的平等觀只能應用在此範圍內，而無法套用在全球不平等上。我的目的只是要找出反對不平等的種種理由各自有什麼道德基礎。從下面的例子可以了解到，這些反對理由在基礎上的差別，使得它們在可以運用的範圍上也有所差別。

正如我在第一章到第三章的論證，以平等關懷為基礎的反對理由，首先預設某些主體或機構有義務提供特定好處。這些大多是全國性，甚或地方性的機構，但同樣基於平等關懷的要求，也適用於現有的國際機構。至於機會平等，若程序公平的要求是來自第四章談及的體制性基本原理，那同樣也可以超越國界限制。拒絕更有資格的外國申請者，就跟忽視資格相近的在地申請者一樣，都違反了程序公平。另一方面，實質機會的要求則牽涉到某些義務，這些義務包括了提供教育和其他提供給個人發展才能的條件。我假設這份義務屬於各地機構，但也可適用於更大的範圍。從不平等如何影響政治體制的公平來反對它，需要考慮到特定體制本身的效果。不過，這個反對的理由也適用於全球政治。憑藉著某國法律而存在的大型企業，可能會干預其他國家政治程序的公平。同樣地，從不平等讓某些人可以控制其他人的生活來反對它，也可套用在任何存在這類控制的地方。最後，我們之所以應該反對第九章討論的收入和財富不平等，是因為不論在一國之內或是全世界，產生這些不平等的體制都不具合理性。

## 二、「反對不平等的共通理由」與「平等主義式的最弱勢者優先」

這些反對不平等的各種理由有其共通之處。當基本結構中有任何要素會產生不合理的分配不平等，除了最富有的人以外，每個人都有理由反對。同樣地，只要因為取得政治影響力的機會不夠平等而受苦的人，也都有理由反對產生這種影響的經濟不平等。

如果有人無法充分獲得如教育等重要的公共服務，也同樣有好理由反對這件事。雖然這主要是在反對資源不充足，而非不平等，但如果資源不充足是因為缺乏影響政治的機會，或是政府違背了平等關懷，那就會變成平等主義式的反對理由。不只是赤貧階級，社會中堅也可以提出這種反對理由，只不過窮人的反對理由更為堅定，因為他們得到的服務水準更低。除了這些理由之外，窮人也有理由反對地位不平等，而遭受各種歧視的人，反對的理由又更堅定了。

反對不平等的理由一旦有共通之處，其所帶來的效果便會累積，這可以算是一種「最弱勢者優先」（priority for the worst off）。如果有一種不平等會影響到窮人，特別是既窮又遭受歧視的人，我們就有最為堅定的理由反對這種型式的不平等，且若有可能的話，甚至消除這種不平等。但這不代表我提出的看法，會因此變成**和平等主義對立的**優先主義觀點。因為多數支持最弱勢者優先的理由，特別是反對地位不平等、違背平等關懷、政治經濟體制不夠公平這些理由，本身都具備平等主義的特性。至少在廣義上，這些都屬於平等主義式的理由，因為它們都反對人與人的處境之間存在差距；而前述的反對理由，如地位不平等和違背平等關懷，也都屬於狹義的平等主義式理由，因為它們是以某一種平等的價值為基礎。

## 三、機會平等的恰當地位

避免誇大機會平等的實現程度相當重要。包括教育制度在內，我們整個經濟體制都一直體現著種族等方面的各種歧視，以及其他的程序不公平。此外，我們也還沒讓每個人都得到實質機會。而且也要注意到，即便機會平等完全實現，也不會使從中產生的不平等變得符合公義。機會平等**預設**了不平等的職位有其他理由可以合理化。但其本身不能當成合理化這些職位的理由。

不過同時間，我們也不該忽視程序公平和實質機會的重要性，而且就算無法完全實現，這些價值也很值得追求。因此我們得適當地理解這些價值，尤其是我們經常提及的能力、功勞、努力和選擇的概念。

## 四、避免泛道德化和誤解應得的意義

適當地理解能力、努力和選擇的道德意義，可以讓我們避免泛道德化並誤解應得的意義。我在第四、五、八章，無不試著提出這類理解的意義。在特定的社會中了，體制的作用形成了什麼結構以及存在什麼樣的發展條件，並決定了哪些能力會有正不正義的問題。因此能力不是個人財產，無法獨立於任何體制存在，符合公義的體制也沒有必要為能力提供獎勵。而選擇和努力的相關性之所以可以合理化不平等，其實是因為如果有人原本能選擇付出所需的努力，卻拒絕這麼做，那他們就沒有理由反對自己得不到相關的優勢。但除非一個人是在夠好的條件下得到選擇的機會，否則，「原本有機會選擇不同的結果」就不致有這種正當的結果。

## 五、平等與價值

前面幾章裡的另一個主題，是社會中普遍流傳的價值決定了社會有沒有呈現出值得嚮往的平等，或是應該反對的不平等。從第三章對地位的討論中，即可透過幾種方式看出這種關係。很多不同型式的歧視都是關於基本的評價錯誤，誤判了膚色等個人特質的重要性。而貧窮會不會導致地位的匱乏，也取決於所處的社會普遍上是怎麼評價窮人的。另外，完全功績的概念是否會是我們應該反對的階級制度，則取決於一看似合理的假設，亦即在一個功績至上的社會裡，人們很有可能會過度看重制度所獎勵的成就。

這讓我們對機會平等的看法陷入兩難。實質機會要求，個人的成長環境有助於他們了解到這些優越職位所需的能力是有價值且值得追求的。但如果一個社會鼓勵個人追求過度的成就和功名，那也是我們應該反對的。要在兩者之間取得適當的平衡是個難題。

## 六、經濟不平等和能夠合理化的體制

我同意羅爾斯（以及諾齊克和海耶克）的想法，世界上並沒有一種可行的普遍原則能為我們指出，到底應該怎麼分配收入與財富。收入及財富的分配方式公義與否，取決於產生收入和財富的體制本質為何；如果造成收入和財富不平等的體制可以被適當地合理化，那這些不平等會是公平的。如何合理化這些體制是個複雜的問題，有賴提出在經驗上，各種經濟和政治安排在特定背景下會造成什麼結果，再嘗試從能夠合理化這些體制的理由中，找出相關的規範性要素。

對此，我的主張有肯定，也有否定。我之所以否定的主張（第七、八章）是，這些經濟體制無法訴諸財產權或應得的獨立概念來合理化。而我之所以肯定的主張（第九章）則是，因此要合理化這些經濟體制，必須訴諸人們基於生活所受的影響而接受這些體制的理由。除非在未侵犯重要的個人自由或未干預生產過程導致弱勢者過得更糟的情況以下，不平等仍無可避免，否則產生不平等結果的體制不會合理。這種判斷能否合理化的標準，比羅爾斯的差異原則來得弱，後者主張只有當產生不平等的體制會盡可能改善弱勢的處境，不平等才會符合公義。但前者也已經達到足以解釋為何我們應該反對當今社會盛行的不平等。而讓這條相對無力的原則成立的主張，也都為羅爾斯的差異原則平添了支持的立場。

## 七、讓（每個人的）自由得到該有的地位

如同我適才指出的，人們接受或反對體制的理由，包括了個人自由方面的利益。這些利益包括想要得到機會的理由、想處在好的條件下在選項中做出選擇的理由，以及反對被他人控制的理由。無論是行使權利的人或是行使權利的對象，每個人都有這些理由；體制若要合理化，有必要將這些理由納入考量。

## 八、為何不平等至關重要？

人們有很多種理由反對不平等，可能是因為不平等帶來的影響、因為不平等扭曲了人與人的關係，或是產生不平等的體制不合理。這些理由各自分歧，而且無法全歸結到單一的平等主義式分配原則。將這些理由統合起來的，是它們在社會體制的合理化過程中所扮演的角色；對於每個被要求接受社會體制的人而言，體制都必須經由這個過程合理化。因此，我的觀點在兩個層面上都屬於平等主義。首先，我的觀點在最抽象的層面上屬於平等主義，支持體制對於被要求接受它們的人來說必須合理，必須平等且嚴肅地顧及他們每個人的利益。而在更具體的層面上，也屬於平等主義，因為它同意人們有各種理由反對被以特定的方式不平等對待。正是這些理由，讓各式各樣的不平等都至關重要。

# 參考書目

Achen, Christopher H., and Larry M. Bartels, *Democracy for Realists: Why Elections do Not Produce Responsive Government* (Princeton: Princeton University Press, 2016).

Ackerman, Bruce A., and Anne Alstott, *The Stakeholder Society* (New Haven: Yale University Press, 1999).

Allen, Danielle, "Toward a Connected Society," in Earl Lewis and Nancy Cantor (eds), *Our Compelling Interests: The Value of Diversity for Democracy and a Prosperous Society* (Princeton: Princeton University Press, 2016), 71–105.

Anderson, Elizabeth, "What is the Point of Equality?," *Ethics*, 109 (1999), 287–337.

Arneson, Richard, "Equality and Equal Opportunity for Welfare," *Philosophical Studies*, 56.1

(1989), 77–93.

Atkinson, Anthony, *Inequality: What Can Be Done?* (Cambridge, MA: Harvard University Press, 2015).

Bartels, Larry, "Economic Inequality and Political Representation," in Bartels, *Unequal Democracy: The Political Economy of the New Gilded Age* (Princeton: Princeton University Press and Russell Sage Foundation, 2008), 252–82.

Bashir, Omar S., "Testing Inferences about American Politics: A Review of the 'Oligarchy' Result," *Research and Politics*, 2.4 (2016); retrieved from: <http:// rap.sagepub.com/ content/2/4/2053168015608896>.

Bebchuk, Lucian, and Yaniv Grinstein, "The Growth of Executive Pay," *Oxford Review of Economic Policy*, 21 (2005), 283–303.

Beitz, Charles, *Political Equality* (Princeton: Princeton University Press, 1989).

Bell, Daniel A., *The China Model: Political Meritocracy and the Limits of Democracy* (Princeton: Princeton University Press, 2015).

Bivens, Josh, and Lawrence Mishel, "The Pay of Corporate Executives and Financial Professionals as Evidence of Rents in Top 1 Percent Incomes," *Journal of Economic Perspectives*, 27 (2013), 57–78.

Buchanan, James, "A Hobbesian Interpretation of the Rawlsian Difference Principle," *Kyklos*, 29 (1976), 5–25.

Buchanan, James, "Rules for a Fair Game: Contractarian Notes on Distributive Justice," in *Liberty, Market, and the State: Political Economy in the 1980s* (New York: New York University Press, 1985), 123–39.

Buchanan, James, and Richard A. Musgrave, *Public Finance and Public Choice: Two Contrasting Visions of the State* (Cambridge, MA: MIT Press, 1999).

CDC, *Health Disparities and Inequalities Report—United States* (Washington, D.C.: Center for Disease Control and Prevention, U.S. Department of Health and Human Services, 2013. Retrieved from <cdc.gov>.

Ci, Jiwei, "Agency and Other Stakes of Poverty," *Journal of Political Philosophy*, 21 (2014), 125–50.

Cohen, G. A., "On the Currency of Egalitarian Justice," *Ethics*, 99.4 (1989), 906–44.

Cohen, G. A., "Justice, Freedom, and Market Transactions," in *Self-Ownership, Freedom, and Equality* (Cambridge: Cambridge University Press, 1995), 38–66.

Cohen, G. A., *Self-Ownership, Freedom, and Equality* (Cambridge: Cambridge University Press, 1995).

Cohen, G. A., "Where the Action is: On the Site of Distributive Justice," *Philosophy and Public Affairs*, 26 (1997), 3–30.

Cohen, G. A., *Rescuing Justice and Equality* (Cambridge, MA: Harvard University Press, 2008).

Cohen, G. A., *Why Not Socialism?* (Princeton: Princeton University Press, 2009).

Cohen, Joshua, "Money, Politics, Political Equality," in Cohen, *Philosophy, Politics, Democracy* (Cambridge, MA: Harvard University Press, 2009), 268–302.

Cohen, Joshua, and Charles Sabel, "Extra Rempublicam Nulla Justitia?," *Philosophy and Public Affairs*, 34 (2006), 147–75.

Cottom, M. T., "Why do Poor People 'Waste' Money on Luxury Goods?," Talking Points Memo (2013); retrieved from <http://talkingpointsmemo.
com/cafe/why-do-poor-people-waste-money-on-luxury-goods>.

Council of Economic Advisers Policy Brief 2016, "Labor Market Monopsony: Trends, Consequences, and Policy Responses"; retrieved from <https://ob amawhitehouse.archives.gov/sites/default/files/page/files/20161025_monop sony_labor_mrkt_cea.pdf>.

Cullen, Mark R., Clint Cummins, and Victor R. Fuchs, "Geographic and Racial Variation in Premature Mortality in the U.S.: Analyzing the Disparities." *PLOS|one*, April 12, 2012; retrieved from <http://journals.plos.org/plosone/ article?id=10.1371/journal.pone.0032930>.

Daniels, Norman, "Merit and Meritocracy," *Philosophy and Public Affairs*, 7 (1978), 206–23.

Daniels, Norman, "Fair Equality of Opportunity and Decent Minimums," *Philosophy and Public Affairs*, 14 (1985), 106–10.

Daniels, Norman, *Just Health Care* (New York: Cambridge University Press, 1985).

Deaton, Angus, "What does the Empirical Evidence Tell us about the Injustice of Health Inequalities?," in Nir Eyal, Samia Hurst, Ole Frithof Norheim, and

Daniel Wikler (eds), *Inequalities in Health: Concepts, Measures and Ethics* (Oxford: Oxford University Press, 2013), 263–81.

Dworkin, Ronald, *Taking Rights Seriously* (Cambridge, MA: Harvard University Press, 1978).

Dworkin, Ronald, *Sovereign Virtue: The Theory and Practice of Equality* (Cambridge, MA: Harvard University Press, 2000).

Elster, Jon, *Local Justice: How Institutions Allocate Scarce Goods and Necessary Burdens* (New York: Russell Sage Foundation, 1993).

Enns, Peter K., "Relative Policy Support and Coincidental Representation," *Perspectives on Politics*, 13 (2015), 1053–64.

Enoch, David, Levi Specter, and Talia Fisher, "Statistical Evidence, Sensitivity, and the Legal Value of Knowledge," *Philosophy and Public Affairs*, 40 (2012), 197–224.

Feinberg, Joel, "Justice and Personal Desert," in *Doing and Deserving: Essays in the Theory of Responsibility* (Princeton: Princeton University Press, 1970).

Feinberg, Joel, "Noncomparative Justice," *Philosophical Review*, 83.3 (1974), 297–338.

Fishkin, Joseph, *Bottlenecks* (New York: Oxford University Press, 2014).

Frankfurt, Harry, "Equality as a Moral Ideal," *Ethics*, 98 (1987), 21–43.

Frankfurt, Harry, *On Inequality* (Princeton: Princeton University Press, 2015).

Freeman, Samuel, "Capitalism in the Classical and High Liberal Traditions," *Social Philosophy and*

*Policy*, 28.2 (2011), 19–55.

Fried, Barbara, *The Progressive Assault on Laissez Faire: Robert Hale and the First Law and Economics Movement* (Cambridge, MA: Harvard University Press, 1998).

Friedman, Milton, *Capitalism and Freedom* (Chicago: University of Chicago Press, 1982).

Gaus, Gerald, *Social Philosophy* (Armonk, N.Y.: M. E. Sharp, 1999).

Gaus, Gerald, *The Order of Public Reason* (Cambridge: Cambridge University Press, 2011).

Gauthier, David, *Morals by Agreement* (Oxford: Oxford University Press, 1986).

Gilens, Martin, "Inequality and Democratic Responsiveness," *Public Opinion Quarterly*, 69 (2005), 778–96.

Gilens, Martin, *Affluence and Influence* (Princeton: Princeton University Press, 2012).

Gilens, Martin, "The Insufficiency of 'Democracy by Coincidence': A Response to Peter K. Enns," *Perspectives on Politics*, 13 (2015), 1065–71.

Hacker, Jacob S., "The Institutional Foundations of Middle-Class Democracy," Policy Network; retrieved from <http://www.policy-network.net/pno_detail. aspx?ID=3998>.

Hale, Robert, "Coercion and Distribution in a Supposedly Non-Coercive State," *Political Science*

*Quarterly*, 38 (1923), 470–94.

Hayek, F. A., *The Constitution of Liberty: The Definitive Edition* (Chicago: University of Chicago Press, 1960/2011).

Hayek, F. A., *Studies in Philosophy, Politics, and Economics* (Chicago: University of Chicago Press, 1967).

Julius, A. J., "Nagel's Atlas," *Philosophy and Public Affairs*, 34 (2006), 176–92.

Julius, A. J., "The Possibility of Exchange," *Politics, Philosophy, and Economics*, 12.4 (2013), 361–74.

Kamm, Frances, *Morality, Mortality*, vol. i. *Death and Whom to Save from it* (New York: Oxford University Press, 1993).

Kolodny, Niko, "Rule Over None II: Social Equality and the Justification of Democracy," *Philosophy and Public Affairs*, 42 (2014), 287–336.

Lareau, Annette, *Unequal Childhoods: Class, Race, and Family Life*, 2nd edn (Berkeley: University of California Press, 2011).

Mack, Eric, "The Natural Right of Property," *Social Philosophy and Policy*, 27 (2010), 53–78.

Mankiw, N. Gregory, "Spreading the Wealth around: Reflections Inspired by Joe the Plumber," *Eastern Economic Journal*, 36 (2010), 285–98.

Mankiw, N. Gregory, "Defending the One Percent," *Journal of Economic Perspectives*, 27.3 (2013), 21–34.

Marmot, Michael, *Status Syndrome: How your Social Standing Directly Affects your Health* (London: Bloomsbury, 2004).

Marmot, Michael, G. Rose, M. Shipley, and P. J. Hamilton, "Employment Grade and Coronary Heart Disease in British Civil Servants," *Journal of Epidemiology and Community Health*, 32 (1978) 244–9.

Marx, Karl, *Critique of the Gotha Program*, in *The Marx-Engels Reader*, ed.

Robert C. Tucker, 2nd edn (New York: W. W. Norton, 1978).

Meiklejohn, Alexander, *Political Freedom* (New York: Harper & Row, 1965).

Miller, David, *Principles of Social Justice* (Cambridge, MA: Harvard University Press, 1999).

Mishel, Lawrence, and Alyssa Davis, "Top CEOs Make 300 Times More than Typical Workers," Economic Policy Institute Issue Brief, 399; retrieved from <https://www.epi.org/publication/

top-ceos-make-300-times-more-than-workerspay-growth-surpasses-market-gains-and-the-rest-of-the-0-1-percent>.

Murphy, Liam, and Thomas Nagel, *The Myth of Ownership* (New York: Oxford University Press, 2002).

Nagel, Thomas, "The Policy of Preference," in *Mortal Questions* (New York: Cambridge University Press, 1979), 91–105.

Nagel, Thomas, *Equality and Partiality* (Oxford: Oxford University Press, 1991).

Nagel, Thomas, "The Problem of Global Justice," *Philosophy and Public Affairs*, 33 (2005), 113–47.

Nozick, Robert, *Anarchy, State, and Utopia* (New York: Basic Books, 1974).

O'Neill, Martin, "What Should Egalitarians Believe?," *Philosophy and Public Affairs*, 36 (2008), 119–56.

O'Neill, Martin, "The Facts of Inequality," *Journal of Moral Philosophy*, 7 (2010), 397–410.

O'Neill, Martin, and Thad Williamson, "The Promise of Predistribution," *Policy Network*, Sept. 28, 2012; retrieved from <http://www.policy-network.net/pno_ detail.aspx?ID=4262&title=The+p

romise+of+pre-distribution>.

Paine, Thomas, *Agrarian Justice* (written 1795–6); retrieved from: <https://www. ssa.gov/history/paine4.html>.

Parfit, Derek, "Equality or Priority?," in Michael Clayton and Andrew Williams (eds), *The Ideal of Equality* (New York: Palgrave Macmillan, 2000), 81–125.

Peart, Sandra J., and David M. Levy (eds), *The Street Porter and the Philosopher: Conversations on Analytical Egalitariansim* (Ann Arbor: University of Michigan Press, 2008).

Pettit, Philip, *Republicanism: A Theory of Freedom and Government* (Oxford: Oxford University Press, 1999).

Pettit, Philip, *Just Freedom: A Moral Compass for a Complex World* (New York: W. W. Norton, 2014).

Piketty, Thomas, *Capital in the Twenty-First Century* (Cambridge, MA: Harvard University Press, 2014).

Piketty, Thomas, Emmanuel Saez, and Gabriel Zucman, "Distributional and National Accounts: Methods and Estimates for the United States." National Bureau of Economic Research

Working Paper, 22945 (2016); retrieved from <http://www.nber.org/papers/w2294>.

Rawls, John, *A Theory of Justice* (Cambridge, MA: Harvard University Press, 1971; 2nd edn, 1991).

Raz, Joseph, *The Morality of Freedom* (New York: Oxford University Press, 1986).

Robertson, James, “The Future of Money: If We Want a Better Game of Life, We’ll Have to Change the Scoring System,” *Soundings*, 31 (2005), 118–32; retrieved from <http://www.jamesrobertson.com/article/soundings31.pdf>.

Roosevelt Institute, “Defining Financialization”; retrieved from <http:// rooseveltinstitute.org/defining-financialization>.

Rousseau, Jean-Jacques, *Discourse on the Origin of Inequality* (Indianapolis: Hackett Publishing Co., 1992).

Saez, Emmanuel, “Striking it Richer: The Evolution of Top Incomes in the United States (Updated with 2014 Preliminary Estimates)”; retrieved from: <https:// eml.berkeley.edu/~saez/saez-UStopincomes-2014.pdf>.

Scanlon, T. M., “Freedom of Expression and Categories of Expression,” *University of Pittsburgh*

*Law Review*, 40 (1979), 519–50; reprinted in Scanlon, *The Difficulty of Tolerance* (Cambridge: Cambridge University Press, 2003), 84–112.

Scanlon, T. M., "The Significance of Choice," in Sterling M. McMurrin (ed.), *Tanner Lectures in Human Values*, vol. viii (Salt Lake City: University of Utah Press, 1988), 149–216.

Scanlon, T. M., *What we Owe to Each Other* (Cambridge, MA: Harvard University Press, 1998).

Scanlon, T. M., *Moral Dimensions: Permissibility, Meaning, and Blame* (Cambridge, MA: Harvard University Press, 2008).

Scanlon, T. M., "Giving Desert its Due," *Philosophical Explorations*, 16.2 (2013), 101–16.

Scanlon, T. M., "Responsibility and the Value of Choice," *Think*, 12 (2013), 9–16.

Scanlon, T. M., "Forms and Conditions of Responsibility," in Randolph Clarke, Michael McKenna, and Angela M. Smith (eds), *The Nature of Moral Responsibility* (New York: Oxford University Press, 2015), 89–111.

Scheffler, Samuel, "Justice and Desert in Liberal Theory," in *Boundaries and Allegiances* (Oxford: Oxford University Press, 2001), 173–96.

Scheffler, Samuel, "What is Egalitarianism?," *Philosophy and Public Affairs*, 31 (2003), 5–39.

Scheffler, Samuel, “Choice, Circumstance, and the Value of Equality,” in *Equality and Tradition* (Oxford: Oxford University Press, 2010), 208–35.

Sen, Amartya, “Just Deserts,” *New York Review of Books*, Mar. 4, 1982; retrieved from <http://www.nybooks.com/articles/1982/03/04/just-deserts>.

Sen, Amartya, “The Moral Standing of the Market,” *Social Philosophy and Policy*, 2.2 (1985), 1–19.

Sen, Amartya, *Inequality Reexamined* (Cambridge, MA: Harvard University Press, 1992).

Shelby, Tommie, *Dark Ghettos: Injustice, Dissent, and Reform* (Cambridge, MA: Harvard University Press, 2016).

Sher, George, *Equality for Inegalitarians* (Cambridge: Cambridge University Press, 2014).

Skinner, Quentin, *Liberty Before Liberalism* (New York: Cambridge University Press, 1998).

Smith, Adam, *An Inquiry into the Nature of Causes of the Wealth of Nations* (London: Home University, 1910); retrieved from <https://www.washingtonpost.com/news/ answer-sheet/wp/2014/12/21/heres-who-got-the-biggest-gates-foundation-educationgrants-for-2014>.

Thomson, Judith, “Liability and Individualized Evidence,” in Thomson, *Rights, Restitution and Risk*, ed. William Parent (Cambridge, MA: Harvard University Press, 1986), 225–50.

Tomasi, John, *Free Market Fairness* (Princeton: Princeton University Press, 2012).

Van Parjis, Philippe, "Why Surfers Should Be Fed: The Liberal Case for an Unconditional Basic Income," *Philosophy and Public Affairs*, 20 (1991), 101–31.

Van Parjis, Philippe, *Real Freedom for All: What (If Anything) Can Justify Capitalism?* (Oxford: Oxford University Press, 1998).

Westen, Peter, "The Empty Idea of Equality," *Harvard Law Review*, 95.3 (1982), 537–96.

Western, Bruce, and Jake Rosenfeld, "Unions, Norms, and the Rise in U.S. Wage Inequality," *American Sociological Review*, 76 (2011), 513–37.

Wilkinson, Richard, and Kate Pickett, *The Spirit Level: Why More Equal Societies Almost Always Do Better* (London: Penguin/Allen Lane, 2009).

Young, Michael, *The Rise of the Meritocracy* (New Brunswick, NJ: Transaction Publishers, 1994).

國家圖書館出版品預行編目資料

為何不平等至關重要：從種族歧視、性別議題、貧富不均、政治制度，探討「不公平的善意」與「平等的邪惡」／托馬斯・斯坎倫（T. M. Scanlon）著；盧靜譯. -- 初版. -- 臺北市：麥田出版：英屬蓋曼群島商家庭傳媒股份有限公司城邦分公司發行, 2021.01
面；　公分
譯自：Why does inequality matter?
ISBN 978-986-344-846-4（平裝）
1.分配　2.平等　3.社會問題
551.8　　109018066

麥田叢書 104

# 為何不平等至關重要

## 從種族歧視、性別議題、貧富不均、政治制度，探討「不公平的善意」與「平等的邪惡」

*Why Does Inequality Matter?*

作　　者／托馬斯・斯坎倫（T. M. Scanlon）
譯　　者／盧靜
特約編輯／江麗綿
主　　編／林怡君

國際版權／吳玲緯
行　　銷／巫維珍　蘇莞婷　何維民　吳宇軒　陳欣岑
業　　務／李再星　陳玫潾　陳美燕　葉晉源
編輯總監／劉麗真
總 經 理／陳逸瑛
發 行 人／涂玉雲
出　　版／麥田出版
10483臺北市民生東路二段141號5樓
電話：(886)2-2500-7696　傳真：(886)2-2500-1967
發　　行／英屬蓋曼群島商家庭傳媒股份有限公司城邦分公司
10483臺北市民生東路二段141號11樓
客服服務專線：(886) 2-2500-7718、2500-7719
24小時傳真服務：(886) 2-2500-1990、2500-1991
服務時間：週一至週五09:30-12:00・13:30-17:00
郵撥帳號：19863813　戶名：書虫股份有限公司
讀者服務信箱E-mail：service@readingclub.com.tw
麥田網址／https://www.facebook.com/RyeField.Cite/
香港發行所／城邦（香港）出版集團有限公司
香港灣仔駱克道193號東超商業中心1/F
電話：(852)2508-6231　傳真：(852)2578-9337
馬新發行所／城邦（馬新）出版集團Cite (M) Sdn Bhd.
41-3, Jalan Radin Anum, Bandar Baru Sri Petaling, 57000 Kuala Lumpur, Malaysia.
電話：(603)9056-3833　傳真：(603)9057-6622
讀者服務信箱：services@cite.my

封面設計／兒日設計
印　　刷／前進彩藝有限公司

■2021年1月5日　初版一刷
■2023年11月16日　初版三刷
Printed in Taiwan.

定價：380元

ISBN 978-986-344-846-4